国外农业丛书

主编 晋保平 张宇燕

# 国外农业经营与管理

付彩芳 任 倩 王定毅 编著

中国社会出版社

**图书在版编目(CIP)数据**

国外农业经营与管理/付彩芳,任倩,王定毅编著.
—北京:中国社会出版社,2006.9
(国外农业/晋保平,张宇燕主编)

ISBN 978-7-5087-1485-1

Ⅰ.国… Ⅱ.①付… ②任… ③王… Ⅲ.农业经济-经济管理-国外
Ⅳ.F31

中国版本图书馆 CIP 数据核字(2006)第 109435 号

---

**丛 书 名**:国外农业
**主　　编**:晋保平　张宇燕
**书　　名**:国外农业经营与管理
**编 著 者**:付彩芳　任　倩　王定毅
**责任编辑**:彭先芬

---

**出版发行**:中国社会出版社　　邮政编码:100032
**通联方法**:北京市西城区二龙路甲 33 号新龙大厦
电　话:(010)66080300　(010)66083600
(010)66085300　(010)66063678
邮购部:(010)66060275　电　传:(010)66051713
**网　　址**:www.shcbs.com.cn
**经　　销**:各地新华书店

---

**印刷装订**:北京华创印务有限公司
**开　　本**:140mm×203mm　1/32
**印　　张**:5.75
**字　　数**:120 千字
**版　　次**:2006 年 9 月第 1 版
**印　　次**:2014 年 7 月第 8 次印刷
**定　　价**:9.00 元

# 建设社会主义新农村书屋

# 总序　造就新农民 建设新农村

李学举

党的十六届五中全会作出了建设社会主义新农村的战略部署。在社会主义新农村建设过程中，大力发展农村文化事业，努力培养有文化、懂技术、会经营的新型农民，既是新农村建设取得进展的重要标志，也是把社会主义新农村建设不断推向前进的基本保证。

为落实中央的战略部署，中央文明办、民政部、新闻出版总署、国家广电总局决定，将已开展三期的“万家社区图书室援建和万家社区读书活动”由城市全面拓展到农村，“十一五”期间计划在全国三分之一以上的村委会开展农村图书室援建和读书活动，使两亿多农民由此受益，让这项造福城市居民的民心工程同时也造福亿万农民群众。中央领导同志对此十分重视，中共中央政治局委员、国务院副总理回良玉同志作出重要批示：“发展农村文化事业是新农村建设的重要内容，也是农村发展中一个亟待加强的薄弱环节。在农村开展图书室援建和读书活动，为亿万农民群众送去读得懂、用得上的各种有益书刊，对造就有文化、懂技术、会经营的新型农民，满足农民全面发展的需求，将发挥重要作用。对这项事关农民切身利益、事关社会主义新农村建设的重要活动，要精心组织，务求实效。”

中共中央政治局委员、中央书记处书记、中宣部部长刘云山同志也作出重要批示。他指出："万家社区图书室援建和万家社区读书活动，是一项得人心、暖人心、聚人心的活动，对丰富城市居民的文化生活、推动学习型社区建设发挥了重要作用。这项活动由城市拓展到农村，必将对丰富和满足广大农民群众的精神文化生活，推动社会主义新农村建设发挥积极作用。要精心组织，务求实效，把这件事关群众利益的好事做好。"

为了使活动真正取得实效，让亿万农民群众足不出村就能读到他们"读得懂、用得上"的图书，活动的主办单位精心组织数百名专家学者和政府相关负责人，编辑了"建设社会主义新农村书屋"。"书屋"共分农村政策法律、农村公共管理与社会建设、农村经济发展与经营管理、农村实用科技与技能培训、精神文明与科学生活、中华传统文化道德与民俗民风、文学精品与人物传记、农村卫生与医疗保健、农村教育与文化体育、农民看世界等10大类、1000个品种。这些图书几乎涵盖了新农村建设的方方面面。"书屋"用农民的语言、农民的话，深入浅出，使具有初中文化水平的人就能读得懂；"书屋"贴近农村、贴近农民、贴近农村生活的实际，贴近农民的文化需求，使农民读后能够用得上。

希望农村图书室援建和农村读书活动深入持久地开展下去，使活动成为一项深受欢迎的富民活动，造福亿万农民。希望"书屋"能为农民群众提供一个了解外界信息的窗口，成为农民学文化、学科技的课堂，为提高农民素质，扩大农民的视野，陶冶农民的情操发挥积极作用。同时，也希望更多有识之士参与这项活动，推动农村文化建设，关心支持社会主义新农村建设。

# 前　言

随着世界经济和政治的发展，当前各国越来越体会到农业在本国国民经济中的重要基础性地位，于是都纷纷积极推进农业改革，期望通过进一步完善农业经济体制、调整农业发展战略、变革农业政策以增强本国的农业实力。因此，无论从农业生产经营管理方式还是内容上来看，当今各国的农业部门都较过去发生了或正在发生着显著的变化。但我们还注意到不管是发达国家还是发展中国家，世界各国的农业经营管理在某些方面呈现出共同的发展趋势，这个共同的发展趋势主要表现在以下几方面：

第一，受世界经济一体化、世界贸易自由化趋势的影响，各国政府积极调整农业保护政策，改变传统支农方式，通过建立健全高效的支农体系，培育本国农产品在国际市场上的竞争能力，支持本国农业发展。

过去很长一段时间，世界农产品市场是处于无序竞争状态。一方面，美国和西欧等发达国家由于受到国内农产品过剩的压力，为了保护其国内的农业生产，对农产品的出口实行了大量补贴的政策，试图在国际农产品市场上占有更大的份额。另一方面，以日本为代表的一些农产品进口大国则通过配额、许可证、高关税等贸易壁垒来限制进口，保护本国农业免受国际市场的冲击。为了促进农产品国际贸易的发展，于 1986 年开始的关贸总协定乌拉圭回合多边贸易谈判第一次把农产品纳入谈判议题之中，使之置于关贸总协定的规则管理之下。经过 7 年艰苦的谈判，最后终于达成了协议。根据乌拉圭回合《农业协议》，各国要采取积极实际措施，取消非关税贸易壁垒，代之以关税化，并大幅度降低关税。随着《农业协议》的实施，世界农产品市场将进一步开放，贸易自由化的程度将明显提高，各国在世界农产品市场上的竞争会更加激烈。为了使本国农产品能在世界农产品市场中处于优势地位，各国政府纷纷积极调整其农业政策，鼓励生产者依靠本国的资源和农业服务部门发展优势项目，并通过运用世贸组织所允许的措施保护本国农业，同时积极创造良好的政策、制度环境，支持本国农业的发展，增强其在国际市场的竞争能力。

第二，农机设备、生命科学、信息技术等因素在农业生产过程中发挥的作用越来越重要，传统农业生产已经向机械化、信息化、现代化方向转变。

随着各国工业化的发展，许多国家的农业机械化的程度有了大幅度提高，从而提高了农业劳动生产率。目前在一些发达国家已经基本实现了农业生产全过程的机械化，在一些发展中国家也开始了农业机械化的推广应用，一些主要的生产过程和环节也将逐步实现机械化。与农业机械设备相比，新的农业科学技术在农业生产中所发挥的作用正变得日益突出。在现代化的早期，农业的发展主要是靠农机、化肥等工业产品的大量投入来推动的。随着生命科学的发展，人们对动植物生长发育规律的认识不断提高，大量高产优质品种的选育和新的栽培、饲养技术得到了广泛的推广应用。另外，随着计算机信息技术广泛应用到农业生产管理中，大大节省了人力、物力，提高了农业生产效率，不仅增加了农产品产量、节省了成本，而且提高了产品质量，使高产、高效、优质成为现代农业的一大特点。法国和德国的农业信息化就是典型的例子。

第三，农业生产经营方式由传统的自给自足式向高度市场化、专业化转变。

在农业经济发展的早期，农业生产经营方式是典型的自给自足式，每个农户都作为独立的生产经营基本单位，而农产品的交换只是作为对这种自给经济的补充形式存在，农业生产很少与市场、商品等发生联系。随着整个世界经济的商品化、市场化，农业生产经营的市场化程度也日益加深，农业生产者的每一个经营决策变得越来越依赖于市场的变化。目前在一些发达国家，农产品和农业投入几乎都实现了完全的市场化，即使是在一些发展中国家，农业的市场化、商品化速度也明显地快于产量的增长速度。与此相适应，农业的专业化程度逐渐提高，这是市场化农业的必然结果。农业的专业化起初表现在单个农场或农户生产的专业化，后来逐渐向地区专业化和工艺专业化发展。地区专业化使当地可以根据自己的资源优势发展特色农业，地区专业化的发展使农业生产本身具有了更大的规模优势，从而对整个地区农业的发展产生了巨大的影响，美国的玉米带、小麦带、棉花带等地域专业化生产就是一个典型的例子。工艺专业化的发展则使农业生产的某些环节独立出来，发展成为相对独立专门的生产或服务部门，从而实现了农业的工厂化生产，不但提高了具体生产环节的专业加工质量，而且能大幅度提高农业生产效率。

第四，农业服务业已成为农业中一个重要的经济部门，而农民合作组织作为提供农业服务的组织之一，也日益成为农业社会化服务体系的核心力量，支撑着现代农业不断向前发展。

高度发达的社会化服务已经成为现代农业的重要特征，也成为了支撑现代农业发展的重要支柱。有些农业社会化服务是由政府机构及其所属组织提供的，这些服务一般带有政府扶持的特点，是政府支持农业的重要途径。另一部分农业生产服务来自独立的经营组织和农民合作组织。这些组织利用自身的优势专门从事某些方面的服务活动，它们以独立经营者的身份，以等价交换的原则为农业生产者提供服务并从中获取利益。随着农业经济的发展，农民的组织化程度不断提高，农民从产前、产中、产后各个领域以自愿互利为原则组织起来形成农民合作组织。目前，世界各国都有大量的农民合作组织。这些合作组织的主要职能就是为其成员提供无偿或低价的各种服务，由于合作组织具有自愿参加、民主管理和经营上的非盈利的特点，所以受到广大农业生产者的欢迎，并成为农业社会化服务体系中的最重要的一环。农民的这种高度组织化是农业现代化的重要特征，并日益成为支撑现代农业发展的重要支柱。

第五，随着农业市场化和专业化的发展，农业与相关产业经济部门的联系日益密切，产供销、贸工农一体化经营迅猛发展。

在市场经济中，农业与工商业相比，一般经营规模小，实力弱，在竞争中处于不利的位置。农业经营组织通过向前或向后生产环节的延伸，与相关的农产品加工、流通和农资供应企业建立特定的组织联系，可以使不同产业部门的企业形成利益共同体，实现利益均摊，风险共担，优势互补，并增强农业生产者参与市场的能力。加工、流通企业通过与农业生产者实现一体化经营，可以保证其货源的数量和质量，避免受市场波动的影响，从而减少风险和损失。从整个社会来看，农业产供销一体化组织的发展，提高了农业的组织化程度，增强了社会经济活动的整体计划性。

产供销、贸工农一体化一般在畜牧业中发展得最快，如美国早在 20 世纪六七十年代就实现了牛奶、肉鸡等生产量的 90% 以上都是由一体化组织提供的。在种植业领域，美国一体化组织在油料、糖料等工业原料的生产、加工、流通中也得到了迅速发展。目前，发展农业产供销、贸工农一体化已经成为各国在农业家庭经营的基础上实现农业社会化、规模化、现代化的一种有效途径。

当然，除了上述各国农业生产经营发展中体现的共同点之外，我们还要看到各国农业经济发展中存在更多的却是在自然资源、地理环境、经济结构及发展水平、文化传统习俗、历史发展进程等方面的差异。因此，各国不同的具体情况，势必会带来他们各自在农业经济体制、农业发展战略或国家农业政策安排上的差异。下面我们将按国别来分别具体介绍各国的农业经营与管理的内容。

# 目　录

# 第一章　澳大利亚农业经营与管理

澳大利亚全称是澳大利亚联邦，属于大洋洲地区，位于南半球，介于太平洋西南和印度洋之间。东西距离约 4000 公里，南北约 3680 公里，总面积 768 万平方公里，位居世界第六位。澳大利亚大陆四面环海，周围分布着众多岛屿，行政区划分为 6 个州（新南威尔士州、维多利亚州、昆士兰州、南澳大利亚州和西澳大利亚州、塔斯马尼亚州）和 2 个地区（北部地区和首都直辖区）。首都堪培拉，全国最大的城市悉尼，是重要的经济和交通中心。联邦还管辖着一些海外领地，如位于印度洋上的圣诞岛、科科斯群岛以及位于南太平洋上的诺福克岛和珊瑚海群岛等。但是这些领地面积都较小，居民也较稀少，有些甚至根本没有常住人口。

澳大利亚是个幅员辽阔，资源丰富但人口稀少的国家。2004 年统计为 2023.1 万人，每平方公里 2.5 人，是全世界人口密度最低的国家之一。尽管澳大利亚是世界上居民最稀少的国家之一，但它却是世界上城市化程度最高的国家之一，农村人口不足 5%，全国人口主要集中在少数几个大城市，各个州的人口主要集中在首府（相当于我国的省会）。澳大利亚是个由移民组成的国家，移民主要是英国人后裔。

澳大利亚曾经是英国殖民地，在过去相当长的时期内，农牧业生产在整个国民经济中一直占有重要地位。二战以前，澳大利亚最重要的经济部门是农业和矿业，主要为英国供应食品和原料。

第二次世界大战期间，战争促使澳大利亚经济转向重点发展制造业，农业产值在国内生产总值中所占的比重大幅度下降。20世纪70年代以后，农业所占的比重进一步下降，服务业比重呈持续上升趋势。现在，农业产值在国民总值中所占的比重始终保持在5%以下。

虽然农业在国民经济中的比重有所下降，但农业生产本身发展速度还是很快，澳大利亚许多农产品产量和出口量在世界上占有很重要的地位。小麦、羊毛、牛肉是澳大利亚驰名国际市场的三大农产品。澳大利亚是个靠农业创业的国家，现在，随着社会经济的发展，农业也得到了长足的发展，农业至今仍然是澳大利亚经济的支柱之一。

澳大利亚大部分地区地势低平，平均海拔350米。沙漠和半沙漠占国土面积的35%。农牧业用地约4.8亿公顷，约占国土面积的63%。农用地的90%以上是天然草场，达4.4亿公顷；耕地面积只有4876万公顷。

由于特殊的自然、社会、历史、经济和技术条件，使澳大利亚的农业发展具有自己的特色。

## 第一节　农业经营单位和土地经营制度

### 一、农业经营单位

澳大利亚农业经营单位是现代化的农场。按其经营方式不同，可分为两类：一类是家庭农场，就是由农场主和他的家庭成员从事劳动生产的农场（家庭农场通常只有两三个人来经营，就是农场主和他的妻子、孩子，只是在农忙时，会请一些工人做辅助性工作）；另一类是由农场主雇用雇工经营的农场。

在澳大利亚所有的农场中，家庭农场占到90%以上，是主要的农业经营者和农产品的提供者。这种家庭农场表面上看起来像是落后的“小农经济”，但实质上是资本主义式的家庭农场。每个农场占地面积较大，虽然农场规模大小不等，最小的也有上千亩左右，大的农场一般在几万亩以上。农场拥有现代化的生产手段，采用现代化的技术和管理方式，并得到社会化的服务体系支持，农场的经营是现代化、商业化的经营方式。每个农场从生产到销售，都同整个社会经济紧密联系。在现代经济的激烈竞争中，这种家庭农场得以生存和发展，除了现代化的生产手段和社会化的服务外，生产者的积极性和经营方式灵活也起到重要的作用。同时，通过各种加工、销售合作社和委员会，对农产品生产和流通起到很好的调节作用。这正是在现代技术条件下，以家庭为单位的农场生命力强盛之所在。

澳大利亚目前虽然家庭农场占多数，但也有大农场化和集中化的趋势。澳大利亚按农场生产规模可分为三种类型：第一种是小型农场，经营土地较少，一般为2250~3000亩；第二种是中型农场，经营土地一般在4500~12000亩；第三种是大型农场，经营土地规模在15000亩或几万亩，甚至几十万亩。虽然大型农场的数量很少，但占农场数3%的大农场面积却占农业用地的75%。小型农场与中、大型农场相比，相对耗费大、生产成本高、承受风险能力低。为扩大农业经营规模、提高劳动生产率，政府利用财政补贴、优惠贷款和减免税收等办法，鼓励前景不佳的小型农场主放弃土地，改行谋生，以加速农业劳动力转移。几十年来，澳大利亚的农场逐步呈现出向大农场化集中的趋势。所以，在农业占地面积不断扩大，农业总产值不断增长的情况下，农业经营单位数量却有不断减少的趋势。

## 二、稳定的土地经营制度

澳大利亚农场的土地所有制形式与其历史密切相关。在英国殖民初期，就宣布澳大利亚全国土地归英国皇家所有。以后为吸引自由移民和农业发展需要，出现许多种土地占有形式，有些土地无偿给予私人使用，有些实行租赁制（只要缴纳少量租金或费用，就可得到租约或许可证等），所以，现在澳大利亚的土地占有形式有两种：私人土地和皇家土地(或公家土地)。皇家土地(或公有土地)一部分以租约或许可证形式租给私人使用，这种租用的土地租期较长，租金较低，有些永久租用的土地几乎等于无偿使用，其余部分由政府机构占用或作为保留地开辟为公园、森林等。可以看出，澳大利亚现代农场的土地就所有权而言，有私人所有和从皇家或州政府租赁土地来经营这两种主要形式。私人农场主要是在作物种植区和人口稠密的南部、东部移民区以及昆士兰州中部的米切尔草原；租赁式农场主要是在广大的畜牧饲养地。

澳大利亚的土地持有形式为农业经营提供了稳定的土地制度基础。在澳大利亚，不管是私人所有，还是租借持有，土地持有者也是土地使用者，几乎都是本人参加农场经营，没有专门出租土地的地主，也没有佃农，只有独资农场、合伙农场或公司经营农场等的区别。

# 第二节　农业的机械化生产

澳大利亚由于地势平坦，土地面积大，人口稀少，所以适合并有必要发展机械化的耕作。澳大利亚现代农场的机械化生产有以下特点：

首先，农场的机械化程度很高。澳大利亚从一百多年前就开始发展农业机械化，以前多是一些简单的机器，现在大多是大型的、高效率的、成套的农业机械。如拖拉机、联合收割机、多行播种机、耕耘机、施肥机、牧草收割打包机、剪毛机、挤奶器、电围栏等。目前，澳大利亚农牧业生产的各个环节，如耕种、施肥、喷药、植保、收获、运输等均实现了机械化。就连生产工艺较为复杂的棉花、葡萄也使用棉花收获机、葡萄树整形（修剪）机和葡萄收获机。规模较大的农牧场从 20 世纪 50 年代起就开始使用飞机播种、施肥、喷洒农药。

其次，高新技术的应用很广。澳大利亚农牧业生产效率的提高，不是依靠劳动力投入的增加，而是依赖现代化技术的应用及科学的管理。传统类农机具仍实行人工操作，而现代化机械则可完全由电脑控制。下面举几个例子：

澳大利亚大部分农场的拖拉机都带有卫星导航系统，这种拖拉机由电脑控制，无需人工操作，自然省去人工。更重要的是，传统拖拉机在人工操作下很难精确耕作，耕地时，前后耕作的土地往往会有部分重叠，或者出现漏耕。发生重叠会费工费时，浪费能源；出现漏耕便会影响播种质量，而利用卫星导航系统，这些问题迎刃而解。目前，澳大利亚 80%的农场利用卫星导航系统指挥拖拉机耕作，大大提高了生产效益。

棉花农场普遍使用棉花采收机。过去，棉花成熟一批，棉农采收一批，人工采收的低效率限制了棉花产业的发展。现在，科技发展解决了这一难题。待 2/3 棉桃成熟吐出洁白的棉絮后，对棉田喷洒脱水剂，使整个棉株脱水，促使全部棉叶迅速脱落，同时强制顶部棉桃干裂吐絮。这时，由采棉机进行采收作业。机器的齿缝里有一排排带有螺旋状刮齿的“铁手指”，当机器行进时，成排的“铁手指”高速运转，将所有棉花一采而光。每台采棉机一天可完成上千亩棉花的采收。

还有集喷洒农药、施肥和播种等多种功能于一体的机械。在田间作业前，只需给机器装上备料，输入电脑程序，然后打开卫星导航系统，机器会按照规定程序，自动到田间喷药、施肥。规定的作业完成后，机器经过设在地头的自动喷淋系统，将沾染在“身”上的农药或化肥冲刷干净，然后返回停车场，以免污染沿途农田和作物。

再次，农业机械安全性能好。政府对各类农业机械都制定了安全法规标准，要求各生产企业严格执行，至于农机产品的性能指标，一般由市场选择决定。在改进拖拉机安全性能方面，政府还给予每台 750 澳元的改装补助。在有的州，还成立专门的队伍，负责农村安全，对于不改进机械安全性能的农场主，会给予行政方面的警告，仍不执行的，再交由法庭处理。一般不执行安全指标的农场主，会被重罚 8 万澳元（大约是 46 万元人民币）。

## 第三节　农业的专业化和产业化经营

### 一、高度的农业专业化经营水平

澳大利亚农业发展在相当长时期内一直为混合农业发展模式。随着农业生产规模的扩大和农业机械的广泛应用，特别是完善的农业社会化服务体系和农业高度商品化促进了农业专业化经营。

农业经营的专业化不但包括农业社会服务体系中各种服务部门所提供的产前、产中、产后的分工（一个单位只完成农产品生产全过程的某一个环节），也包括专门生产某种农产品的分工。我们来看一下澳大利亚农场行业分布情况：在所有的农场中，肉牛养殖场比例占到 24% ,纯谷物种植农场比例为 11%，养羊场为 10%，奶牛场 9%，其他农场如水果、家禽等一共占到 34%，既种植谷物，又养牛、养羊的混合农场只占到 12%，不像我国的家家粮畜棉、户户小而全的传统农业生产格局。与此同时，澳大利亚在地域上也出现了某些特定的农作物带和畜牧带，如昆州沿岸的甘蔗带、塔州的苹果带、东南部的小麦带以及绵羊南移、肉牛北迁的集中趋势。

这种专业化的出现与自然条件的影响、现代化的农业生产经营环境关系密切，是农业现代化的一个重要标志。

## 二、农业经营的产业化

澳大利亚的农业产业化主要是农产品加工龙头企业带动农户的形式。澳大利亚农产品加工业发达,几乎所有农产品都要经过加工后才能出售。产品经加工后升值较大，如牛奶，加工厂从奶农处购进牛奶为每升 0.137 澳元，加工包装后为每升 1 澳元，零售每升 1.15 澳元。全澳牛奶产值平均 28 亿澳元，加工后奶制品产值为 85 亿澳元，产值成倍增长。

澳大利亚国内建立了按专业化分工、产业化生产的农产品加工生产企业，这些企业不仅带动了农户的发展，而且有的还建立了自己的农场生产农产品，保证货物来源，使企业正常生产运行。这种方式增值更大，收益更多。

由于竞争的加剧，技术水平的提高，很多小型加工企业渐渐倒闭。经营管理好的公司，经济势力不断增强，经营规模不断扩大，有些企业已成为国际大型垄断企业，成为农产品加工龙头企业。企业和农户是通过协会来连接的，由企业与农户组成的协会专门负责提供各种服务，协商解决农产品加工龙头企业与农户之间的矛盾与问题。协会有权决定加工龙头企业的收购价和农户的卖出价。农产品加工龙头企业和农户分别向协会交纳服务费，维持协会的正常经营费用，同时，加工龙头企业还为农户提供各种技术和资金服务。

现在，很多加工生产龙头企业把经营重点放在研究开发市场上，把研究如何种植作物或饲养牲畜这些事情都交给了农户，带动农业发展的同时，也转变了经济增长方式，使企业达到了增值的要求。

由于澳大利亚人口少，国内消费市场容量小，而农产品的种类多，产量高，因此不得不主要依赖出口，国际市场成为澳大利亚农产品竞争的主要目标。澳大利亚是重要的农产品出口国，75%～80%的农产品出口到国际市场。因此，澳大利亚农业对国外市场的依赖很大。近年来，澳大利亚越来越重视开发市场，出口产品的重点已从传统的欧洲市场转向近邻的亚洲市场。他们以国内外市场为导向，发展本国农业生产，国内外市场需要什么，他们就生产什么。近年来，北半球国家需要大量反季节水果，他们就利用与北半球季节相反的优势，大力推广葡萄、桃、樱桃、甜柿等生产。针对亚洲人口味，加强品种选育，如培育和生产的超甜型白肉桃，出口到台湾、香港和新加坡等国家和地区，很受欢迎。

农产品的贸易，基本由跨国公司垄断经营，贸易公司拥有自己的远洋船只、码头、储备库、加工厂、检测机构和人员，与农场主、农户签订生产(收购) 合同，保证出口货源。澳大利亚国内也设有专业的农产品批发市场，但没有类似中国的农贸市场，其农产品零售靠超市和小商店完成。批发商从市场租门面，农产品经加工包装后批发。超市一般从批发市场进口大包产品，分装成小份后出售。可见，澳大利亚国内农产品流通主要还是以超市形式直销，从农田到餐桌，绿色安全农产品、清洁新鲜农产品普遍成为全社会共识。

可以看出，澳大利亚实力强大的龙头企业、先进的市场理念和完善的农产品市场流通体系，共同促进了农业的产业化经营。

## 第四节 农业社会化服务体系

澳大利亚作为一个发达的市场经济国家，它的社会化服务组织非常健全，全国的各级农民协会（学会）以及行业组织为农业发展提供了各种社会化服务。

### 一、健全的农业生产服务体系

随着城市化的发展，各城镇利用其雄厚的工业基础和技术力量，为周围地区的农业提供各类农业机械、化肥、电力、饲料及科技信息等服务，促进了农业生产水平的提高。各种农业服务部门从农业生产环节中独立出来，为农业生产提供产前、产中和产后服务。每个农场只要和这些专门公司签订合同，就可得到必要的服务，家庭农场购买公司的服务比雇工更合算。

农业产前部门专门为农业生产提供生产资料，包括提供农业机械、农用化肥、农药和除草剂、饲料以及其他农用生产资料；产中服务部门在生产过程中提供各种服务和指导；农业产后部门的服务包括农产品的采购、加工、储藏、运输和销售等。整个农业服务部门为农业提供了产前、产中、产后一条龙服务。例如，农业生产资料供应公司提供各种农具；专门的种子公司、育种场提供各种优良作物品种和畜种；有官方与私人兽医服务结合的兽医服务队伍，其中私人兽医要占一半以上，所有兽医均受过高等教育并通过资格考试，有较高的知识水平和实际工作经验；各农场的剪羊毛工作多由专业的剪毛服务队承担，许多农场的大型农机作业，如耕翻土地等也由专门的服务组织完成；有专门喷洒农药、化肥的公司，还有系统庞大的农机维修服务中心以及提供市场信息的部门等；农产品的销售有专门的企业和协会来完成。

许多澳大利亚农民既懂经营管理和农牧业生产知识，还会操作农业机械，也会找产品销售市场。他们是集生产、管理、操作、推销于一体的新型现代农民。所以，有的农场干脆成立农工商经营综合体，在自己体系内完成产前、产中和产后服务。

## 二、农业从业者协会的服务

澳大利亚农民的组织化程度很高，各个州以及各个行业都有农业从业者协会。有些协会下面还分专业协会，例如水果与蔬菜种植协会下面有香蕉协会、苹果协会、蔬菜协会、芒果协会、柑橘协会等。农场主加入协会是完全自愿的，一个农场主可以同时加入不同的协会。除了收取会费外，协会的绝大部分服务对会员是免费的。农业协会主要有以下职能：

第一，游说政府制定有利于农民的农业政策。政府在制定农业政策前，向他们咨询；执行政策时，需要他们配合；农业政策执行情况由他们反馈给政府。协会在政府和农民之间起桥梁作用，保护农民利益不受侵犯。

第二，向会员提供技术、信息服务，推广新品种新技术，进行技术咨询。每个农协都有自己的刊物，免费向会员发放，并建有专门网站，发布相关信息，还有专门的技术人员，在各农场间进行巡回技术服务。

第三，在农场主与加工业者之间牵线搭桥，为会员进行产品广告设计与宣传策划，促进产品销售与行业发展，开拓农产品国内外市场，维持市场秩序，还代表农民与商家讨价还价，但协会不参与产品的直接销售。

此外，农协还为农民提供法律服务、保险及劳动力中介服务以及农业科研服务。可以看出，农业协会以第三者的身份，替代了政府的部分管理职能。可以毫不夸张地说，离开了各种农民协会，澳大利亚的农业生产就无法进行，政府的农业政策也无法落实。

正是这种多方面的社会化服务体系促进了农业生产的专业化和社会化，而农业生产的专业化和社会化对各种服务的需求，又进一步促进了社会化服务体系的发展和完善。完善的农业服务体系促使家庭经营和社会化大生产结合起来，取得规模经营的效益，并且还使农业生产与社会的大市场之间架起联结的桥梁，从而使经营效率提高，成本降低，利润增加。

## 第五节 农业教育和科研推广

现代农业比传统农业更需要科学技术。澳大利亚农业之所以会取得很大成就和长足发展，重要原因之一就是十分重视农业教育、农业科学研究和技术推广工作，并且将三者密切结合起来，使农业有一个雄厚的科学技术基础。

### 一、农业教育

早在 1879 年，南澳就建成了农学院，并于其后陆续在其他地区建成类似的学院，以后逐渐形成了农业教育网。目前，澳大利亚除了有大学和高等农业学院外，还有职业学校、进修学校和为数众多的农民短期培训班，并且逐步建立起一整套农业教育体制，有高等农业教育、中等农业教育和农业职业培训三大类别。澳大利亚农渔林业部的一大职能，就是对农民的教育培训。国立、州立农学院通过职前培训和在职培训，对农机推广人员及农业从业者进行培训。除此之外，政府还通过市场机制，根据农业发展需要，委托不同院校的培训机构对农民进行多种形式和内容的培训。由于重视农民的职业教育培训，使农业劳动者的综合素质不断提高。

此外，由于农业区域非常广、农民居住十分分散，澳大利亚非常重视农业的远程教育。澳大利亚各级政府对远程教育非常支持，在各方面尤其是资金和基本建设方面的投入相当大，使澳大利亚的远程教育能够充分利用现代通讯技术的最新成果，不断改善教学手段。

## 二、农业科研和技术推广

澳大利亚的农业科研服务体系很完善，服务内容包括品种选育、疾病防治、检疫监测和产品保鲜供应等方面，形成了集科学研究、农业生产、食品工业、市场营销为一体的农业科学研究网络。澳大利亚的农业科研开发工作，主要由政府承担，高等院校和商业企业也是很重要的科技研发力量。

澳大利亚不但重视农业科研，更注重农业技术的推广、应用，使技术真正为广大农民服务。澳大利亚的农技推广有三股力量：一是政府机构，各地的农业官员会不遗余力地把新技术推广给农民。他们把研究成果编成材料，由咨询站出售或免费发给农民。二是农资公司、银行和食品加工企业等私人机构，它们为农民提供技术服务和经营方面的咨询，实行收费服务。三是科研和教育机构，为了推广新的先进农业技术成果，除科研机构外，每个州还有大量的技术推广人员，农技推广人员必须是大专院校毕业生，具有独立工作和帮助农民解决实际问题的能力。技术推广所需费用和人员开支全部由政府资助。但是用什么技术都是要根据每个农场的具体情况来定，事先要花许多钱和时间进行测量和论证，给每个农场的解决方法是不一样的，究竟是否采用或者采用什么方法，最终决定权在农场主。政府官员也好，农业公司也好，都要尊重农场主的决定。技术推广人员和农民联络的方式有电话、网络、期刊、研讨会、展卖会等，但最有效果的是同农场主面对面的沟通。很多农业部门的公务员，除了有少数人留在办公室外，其他人几乎整天都在串农场，搞项目推广。各地的官员和农业界人员几乎认得所辖区域内的所有农户，了解他们的具体情况，农业官员和业界的咨询员都受到过高等教育，是农业方面的专家，能给农民提出合适的建议，他们的话，农民比较容易接受。

## 第六节　农业管理体制和扶持政策

### 一、现代农业管理体制的建立

澳大利亚农业发展的成就，不仅取决于其丰富的农业资源条件，同时与政府采取的管理体制分不开。澳大利亚的农产品主要是面向国际市场，现在农产品的国际市场竞争越来越激烈，进口国对进口农产品的检疫、食品安全、质量标准等方面要求得越来越严格，这对澳大利亚农业发展提出了越来越大的挑战。迫于外部环境的压力，澳大利亚进行了农业管理体制改革，其基本方向是：面向市场、减少干预、优化服务。

1996 年，澳大利亚将初级产业与能源部调整为农渔林业部。新成立的农渔林业部，统一协调对农、牧、渔、林业的综合管理，并根据国内外市场变化情况以及促进农产品出口的需要，强化和增加了农产品加工、食品安全、农产品质量标准制定和动植物检疫、农产品贸易以及资源保护和可持续发展方面的管理职能。改革后的农业管理体制有两个基本特点：

第一，注意形成农业生产、加工、销售一体化的管理体制，避免管理职能的交叉、分散、重叠，从体制上确保农业的竞争力。

第二，强化了农产品的质量管理，注重可持续发展、注重提高农业效益，面向全球市场。既减少政府对农业的干预，又保护本国农业、服务好农民，努力保持农业的竞争优势，不断扩大在全球市场的销售份额。

## 二、多种形式的农业保护和支持政策

澳大利亚是个以农牧业生产为主的国家，政府对于农业的发展十分重视，国家农渔林业部的一项重要职责，就是制定农业政策，提供项目资金。此外，由于澳大利亚农产品大部分需要出口海外，为了保持本国农业在国际市场上的竞争优势，澳大利亚采取了很多保护和扶植本国农业发展的措施，为农业提供各种政策、信息和资金支持。除联邦政府的支持外，各州都有各自对农业的保护和支持计划，并安排有必要的资金。

1.贷款和税收优惠

对农场主实行优惠贷款，减免税收。澳大利亚联邦政府通过各大银行和政府机构，设立农场开发贷款基金、特种定期贷款基金，对农场主的各种开发项目、基建项目、官方土地出售或出租以及自然灾害救济等提供贷款。同时，对年收入不足1.6万澳元（大约是9万元人民币）的农场主实行减免所得税政策，并在关税上，对国内农业需要的产品进口给予优惠待遇。

鼓励小农场主放弃土地。为扩大农业经营规模，提高劳动生产率，政府利用财政补贴、优惠贷款和减免税收等办法鼓励小农场主放弃土地。政府向准备离开和已经离开土地的劳动者提供贷款，资助其重新创业。创业成功者，贷款变为无偿赠与；失败者，以 7 年为限偿还政府。

2.对农业生产资料提供各种补贴

1952 年以前，澳大利亚联邦政府对新型农业机械第一年减免 40%的税金，以后改为 25%；20 世纪 60 年代开始对化肥和石油产品给予补贴，如通过州政府给石油公司补贴，并规定售给农村的石油批发价格不得超过城市的批发价格。在农用柴油方面，澳大利亚与其他许多国家一样，对农用柴油实行财政补贴政策。据了解，农场主用于农业生产的柴油，政府给予每升补贴 0.32 澳元的优惠，约占市场价格的 30%，这种扶持农业的优惠政策极大地推动了农业机械的广泛应用，保障了农业生产的稳定，加速了农业的现代化。

3.国家拨款推行各种公共工程计划

农用运输网、输电网、水利灌溉工程以及推广费用很高、利润很低的水土保持计划等，都由国家拨款。国内外公司企业对农牧业建设投资的，政府还给予减免税优惠。

## 三、促进农业可持续发展

多年来，澳大利亚一直致力于推动本国农业的可持续发展，防止土地沙漠化、盐碱化和酸性化，减少水土流失，土壤侵蚀，提高土地肥力，保持生态平衡，促进植被优化和提高。例如，要求农田、森林、牧地和水体有一定的比例；不能无限制地扩大耕地；农田轮作、轮歇，保持地力；大力推动有机农业，实行秸秆还田，提倡使用有机肥；植物保护实行综合防治，严格控制农药使用，农民喷药需经批准；加强资源管理，包括加强土地、水、矿产、森林和其他生态资源的管理；为了促进节约用水，其灌溉水的价格正在稳步提高。澳大利亚赋予农渔林业部以资源管理职能，很大程度上也是为了保护和改进农业可持续发展的自然资源基础。

## 四、建立和完善农业标准体系

为了提高农产品的质量，促进农业发展，澳大利亚建立了较完善的农业标准体系，包括产品品种、质量等级、生产技术规程、运输储存等方面的标准。

澳大利亚的农业标准分为强制类标准和非强制类标准。强制类标准实际上就是政府管理部门颁布的技术法规，它是在国家法律的框架下，由政府部门制定的技术要求规范。非强制类标准是由政府委托的或自律性行业协会制定和管理的，并普遍得到社会承认的技术性和管理要求规范，它是澳大利亚农业标准体系的主体。

澳大利亚农业标准有较强的针对性和可操作性。标准中的各项技术指标力求量化，有利于准确的检验和测试。由于澳大利亚的农业是外向型农业，其出口的农产品必须达到国际市场规定的标准要求，因此，澳大利亚力求使本国的农业标准与国际标准和国外先进标准保持一致。农业标准的实施与监督管理，由政府有关部门分工负责。

# 第二章　新西兰农业经营与管理

新西兰是位于太平洋西南部的一个岛国，面积约 27 万平方公里，其中 89%为山地和丘陵，平原面积仅占总面积的 8%。全国有北岛、南岛和斯图尔特岛组成，北岛和南岛的面积之和占全国国土面积的 98.7%。岛屿从北到南呈长条形排列，狭长的形状使新西兰内陆任何一点到海边的距离都不超过 110 公里。全国主要政治、经济、文化活动都集中在南、北两大岛上，首都惠灵顿位于北岛的南端。

新西兰是“经合组织”的成员国，经济发达，但农牧业在国民经济中的地位仍然十分重要。新西兰四季的划分为：8~10 月是春季，11~1 月是夏季，2~4 月为秋季，5~7 月为冬季。大部分地区是温带气候，降水量充足。除南岛山地外，无霜期一般在 250 天以上。气候条件对农牧业生产非常有利。全国农牧用地 1440 万公顷，约占国土面积的 53%，人均占有农牧用地 3.8 公顷。新西兰有 380 万人口，农业劳动力占人口总数的 8.4%，但农牧业的各种产品收入约占国民总收入的 75%，以农牧业产品为原料的出口值将近占总出口值的一半。

畜牧业是新西兰经济的支柱行业，畜牧业产值占农业总产值的 80%左右，从事畜牧业的人口约占农业人口的 80%，是世界上按人口平均养羊、养牛头数最多的国家。新西兰的农业以畜牧业为主，农场以牧场为主。

# 第一节　农业经营单位和土地经营制度

## 一、农业经营单位

新西兰农业经营单位是现代化的农场，其中，家庭农场数量最多。新西兰家庭农场占农场总面积的一半以上，农场主和农场主的家庭成员占所有农场劳动力的3/4。新西兰家庭农场的规模只有澳大利亚的1/10左右，也比美国的小。合伙农场的数量仅次于家庭农场数量，位居第二。合伙农场一般的经营方式是，由土地持有者或土地租用人提供土地，或者再提供一些资本，合伙农场主提供劳力或其他资本。此外，新西兰还有私人公司形式农场、代理人经营农场、政府和地方当局农场、官方公司形式的以及少数合作社性质的农场等。从农场所占面积看，家庭农场占第一位，第二位是政府当局经营的农场，因为政府当局经营的农场规模都很大，这类农场中，4000公顷以上的农场数占农场总数的23%，面积占政府当局经营农场的总面积的88%，占第三位的是合伙农场及私人公司等。

农场是新西兰农业最基本的经营单位，多数农业活动都在农场内进行。一般说来，农场的规模和自然条件、生产力水平、农场类型和农场的经济效益和社会化服务体系有关。新西兰农场平均规模为271公顷，为澳大利亚的1/9左右，各种类型和各地的农场规模有很大差别。一般来说，农作物农场比牲畜农场规模小，这是由于作物需要更精细的经营管理。从地区分布看，北岛农场的数目多、规模小，数量占全国农场总数的69%，面积却占全国农场总面积的45.6%，平均规模为179公顷。南岛农场数目少，但面积大，占全国农场总数的31%，面积占全国农场总面积的54.4%，平均规模为476公顷。南岛的农场之所以面积大，主要是因为南岛有许多粗放型经营的牧场。新西兰的牧草生产基本上是以农场为单位来组织进行的，生产规模一般在400~500公顷。总体上看，新西兰属于人少地多的国家，牧场尤其辽阔，全国人均3.8公顷。

### 二、土地经营制度

新西兰农业土地占有形式与其历史密切相关。殖民初期，政府从毛利人（新西兰的土著居民）手中通过购买等方式得到土地。这些土地一部分以公开拍卖方式出售给私人，产生了归私人所有的土地，称为自由持有；另一部分成为今日的皇室土地。后来，政府为了防止地产落入少数人手中，决定不再出售皇室土地，改为出租，向皇室租借土地的人称为租借持有者。可见，新西兰的土地有三种持有形式：私人所有、皇家所有、租借持有。

现在，新西兰大部分土地是私人占有，租借土地也越来越多，皇室土地逐渐减少，私人占有的土地包括了所有较好的土地，皇室土地则多在南岛的高地。

## 第二节　农业的机械化生产

新西兰的农机工业不多，大型农业机械，如大马力拖拉机等主要依靠进口，但是中小型农业机械如割草机、捡拾打捆机、牧草播种机等，一般国内都有生产，能较好地满足农牧业发展的需要。现在，新西兰已经实现了高度农牧业机械化与电气化水平，全国90%以上的农场有电力供应。

各种作物的耕作、播种、收割和运输都已实现机械化，还有机械化谷仓19658个，能储存谷物77.5万吨，保证谷物得到及时、良好的储存。另外，园艺上也已广泛使用各种采摘机，马铃薯种植和收获机已普遍使用。

畜牧业上更是广泛采用机械机具。挤奶、剪毛都是通过机械完成，例如，新西兰采用了机器挤奶，一些牛舍通过安装自动装置(用电子控制)的电动转盘，一小时可为350多头牛挤奶。至于饲料粉碎机、自动饲喂和饮水装置也已普遍使用。草地经营作业中的耕翻、播种、施肥、割草、捡拾、打捆、装车、拖运、卸捆和堆垛等，也已经全部机械化。

牧草生产基本上是以农场为单位来组织进行的，自然放牧草场一般每10年播种一次，每年需施肥2~3次；专门收割用作干草饲料的草场，每年播种、收割一般3茬左右。由于草场规模很大，各个环节都使用机械来完成。例如，新西兰林肯大学农场经营草场面积250公顷，主要从事牧草种子的生产加工。农场拥有140马力以上拖拉机1台，70~100马力拖拉机5台，180马力联合收割机1台，各类配套机具10多台。由一人负责农场的管理和机械的使用，牧草的种植、收割全部采用机械化作业，使用一套种子加工设备进行牧草种子的加工、筛选、烘干、混合和包装计量。这个农场无论是牧草种植还是种子加工，都体现了较高的机械化水平。

新西兰航空事业发达，全国施肥大部分由飞机来完成，农用飞机还担负播种、化学除莠、撒施灭兔毒饵、投放牧栅栏等任务。

由于机械化程度高，专业化比较明显，经营集约化，农业劳动生产率非常高。在82000多个牧场中只需10.5万人全日投入工作，每年平均每个农业劳动力生产奶63.3吨，羊肉3.8吨，羊毛2吨，奶酪1.1吨，黄油2吨。

## 第三节　农业的专业化经营

### 一、农场的专业化经营

新西兰农场虽有多样化发展趋势，但是以单项经营为主的农场数至今仍占总农场数的一半以上。新西兰现有 30 多种类型的农场，按其经营的专门化，可分为五大类型农场：

第一，单项经营为主的农场。这是指专门生产某一种农产品，或者某一种农产品的收入占这个农场所有收入 75%以上的农场，主要是畜牧农场（目前将近有 3/4 的牧场以单项经营为主），还有少量的谷物农场。这类农场在全国农场中所占比例最大，包括五种类型：绵羊场，是新西兰最主要的一种农场类型，无论是农场数还是占有土地面积和雇工数均居各类农场的首位；奶牛农场，是新西兰一种重要的农场类型，这类农场数量和雇工数量均居各类农场数的第二位；肉牛场，是新西兰近 10 多年发展较快的一类农场，农场数仅次于绵羊场及奶牛场；猪场，猪场最初因利用奶牛场加工剩下的物质作饲料，附属于奶牛场，以后随着利用谷粒作饲料而独立，成为最主要的谷物饲养牲畜农场，现在，猪场主要是在猪舍进行精养，因此平均占地规模很小；谷物农场，这类农场无论是农场数还是占有面积，在新西兰各类农场中虽然都不占重要地位，但愈来愈受到重视，是近年来发展较快的一类农场。

第二，单项经营占优势的两种合成农场。这类农场经营两种农产品，一种产品占优势，经营收入占该农场收入的一大半，而另一种农产品经营只占农场收入一少半。这类农场主要有以下几种类型：奶牛占优势的奶牛－绵羊、奶牛－肉牛混合农场；

绵羊占优势的绵羊－肉牛混合农场；绵羊占优势的绵羊－谷物混合农场，这是新西兰典型的草田轮作农场，播种牧草和农作物轮作互相促进，起到调剂作用，并减少市场价格波动带给农场主的风险；此外还有谷物占优势的谷物－绵羊混合农场。

第三，混合农场。这类农场专门经营某一种农产品，这种农产品的产值占该农场收入的50%以上，此外还经营多种农产品，但是其他农产品占的比例都特别小。这类农场门类较多，有养鹿场、家禽场、蔬菜园、水果园和人工林种植场等。

第四，牲畜混合农场。指一种农场养了三种以上的牲畜，几种牲畜数量不相上下，没有哪一种牲畜的数量占到绝对的优势。

第五，其他类型农场。包括花卉栽培农场、烟草、啤酒花种植、休闲地等。

### 二、区域专业化

由于不同的地区有自己的独特的自然、生物、文化以及人文因素，因此，农业生产具有不同的特征。北岛北部是奶牛、肉牛、亚热带水果为主的集约农业区；北岛中部是人工林、肉牛、奶牛等经营的区域；北岛西部是奶业区，也是新西兰最重要的奶业集中生产基地；北岛东部主要是梨、苹果产区；北岛南部是谷物产区。南岛东北部是樱桃产区；南岛西北部是人工林、浆果的半集约产区；南岛西部主要产乳、肉、木材；南岛东部是细毛、肉、谷物产区；南岛东南部是羊、肉牛、谷物粗放经营区；南岛南端是肉、谷物产区。

## 第四节　农业的产业化经营

近年来，新西兰农牧业的产业化经营水平逐渐提高，通过农业产业化经营，使农产品的生产、加工、销售与市场紧密结合，农业产值提高。新西兰注重组织引导农牧民根据市场需求开展生产、经营活动，参与国际竞争，在竞争中不断改善品种，改进品质，优胜劣汰，实施技术创新，从而提高了农产品在国际市场上的竞争力。特别是牧草的种植、牛羊鹿的养殖、畜产品的加工和出口等各个环节，布局合理，环环紧扣，产业链越拉越长，农产品多次加工、转化、增值，农牧业的发展实现了与国际市场的接轨。据了解，目前新西兰畜产品的出口比重高达 90%，畜产品出口值占到全国出口总额的 44%。

农产品加工业是新西兰的重要产业，加工业的发展稳定提高了农产品生产供给，增加了出口附加值，并且为农村人口和城镇人口提供了更多的就业机会。新西兰农业生产与工业和商业配合非常密切，都是按照市场需求调整农业生产规模和农产品的品种规模，积极开拓销往国外的品种和加工技术比较先进的产品。例如，近年冷冻蔬菜、罐头和水果的对外销量都有增加，研究成功的 5%氯化钙和 1%卵磷脂的保护剂，对减少苹果冷藏时的腐烂有明显效果。新西兰亚麻也由野生植物发展为人工种植，成为当地生产加工麻织物的重要原料。

新西兰近年来羊和牛的饲养量分别维持在 4610 万只和 870 万头左右，尽管牛奶产量仅占世界的 1.5%，但奶制品产量却占世界的 25%，可以看出，奶制品的加工业很发达。特别是一些规模大的奶制品公司，作为龙头企业，与很多个农场保持联系，以确保稳定的原料供给。同时，企业努力扩大市场占有份额、千方百计提高市场竞争力，以确保产品的销售。例如，新西兰的卡维利尔地毯公司，其生产和加工方式是，通过直接从牧场或通过拍卖市场收购羊毛，除了加工出口部分羊毛和毛条外，大部分羊毛经过加工处理制成不同规格、不同花色和不同品种的地毯。公司生产的地毯占国内市场需求的30%，出口量占生产量的50%，并且占全新西兰地毯出口的50%。产品远销欧美和亚洲40多个国家和地区，年产值达2亿新元。

总之，农业产业化经营水平的提高，使农产品产供销一条龙运作，特别是农产品加工业的发展，有效地提高了农产品的附加值，使新西兰的农业效益和农业在全球的竞争力大大加强。

## 第五节　农业生产的社会化服务

在新西兰，除了政府的农业技术及教育服务外，为农民提供技术、信息咨询、生产资料购进和产品销售服务的组织类型越来越多。这些组织除了充当农民利益的代言人外，服务主要集中在为农民提供各种生产经营技术，帮助农民进行会计核算、了解农产品产销市场行情，与农民签订购销合同等方面，服务范围几乎包括农业生产的方方面面。

### 一、农民联合协会

在所有组织中，农民联合协会是新西兰最大的农民组织，几乎涉及新西兰农林牧渔各个产业。也就是说，不同的农业产业几乎都设有农协的行业分会，广泛而深刻地影响着农民的生产和生活。新西兰农协的宗旨就是代表、保护和提高其成员的利益。农协更多地扮演了农民利益代言人的角色，主要职责是代表农民游说政府，制定有利于农民利益的政策。此外，农协还为农民提供法律方面的服务。

### 二、合作社

除了农协以外，发展了100多年的合作社体制对新西兰农业的贡献也很大。位于新西兰畜牧业基地汉密尔顿的塔图瓦公司，是历史最悠久的牧业合作社，100 多年前塔图瓦成立的时候，新西兰畜牧业还很落后，全体牧民养殖牛羊数量少，市场竞争混乱。为了协调市场、共同抵御自然灾害，共享信息和养殖技术，牧业合作社应运而生。

为了提高国际竞争力，新西兰政府 2001 年建立了奶业合作社龙头企业，以进一步减少奶制品生产流通环节。同时保留个别小合作社，避免市场垄断。新西兰农业合作社主要有四种类型：

第一，生产合作社。这类合作社为农场主共同拥有，主要存在于种植业、奶制品、渔业等行业中，合作社按合同从农场主手中收购农产品。

第二，市场合作社。主要存在于水果和蔬菜行业中，合作社的任务是面向市场，从事分类、分级、包装、运输和销售等工作。

第三，供销合作社。主要作用体现在农产品的流通环节，专门替农场主与买主和加工商谈判，以帮助农场主获得更高的利润。

第四，服务合作社。主要从事农业服务，为生产者提供各类信息、咨询服务以及对农业人员提供信贷、保险、住房服务。

随着市场经济越来越发达、现代科技越来越发展、农民素质越来越高，农民对资本、技术的需求增加，为了在市场竞争中处于不败之地，农民追求利润的意识也愈来愈强烈，传统的合作组织已无法满足农民的需要。为了适应农民的需求，新西兰农业合作组织不断引入新的机制，呈现了新的特点：

合作社的业务领域不断扩大，服务范围不断拓展，专业化程度日益提高。合作社既是为社员谋福利的企业组织，又是政府与农民沟通的桥梁；

合作社保护了个体农民的利益，对弱势生产者起到了一定的保护作用；

合作社覆盖的范围越来越广，规模越来越大。例如新西兰的方塔拉集团是世界第四大乳业公司，在国际乳制品贸易中占了 1/3 的份额。作为全国性的合作社，其股东是全国 94%的奶农，拥有近 400 万头奶牛。

## 三、私营公司

为农民服务的组织除了农协、合作社这样的农民组织和中介组织，还有大量的私营性公司。这样不仅使企业和公司有稳定的发展基础，众多的农户也有了发展的保障。农民服务组织的多元化，使农民获得了多样化的选择，也得到了多元化的利益补偿。

此外，新西兰还具有完善的农机服务组织，实现了农机作业服务的社会化和农机售前和售后服务的社会化。新西兰已经实现高度的农业机械化作业，据统计，新西兰农场的各项开支中，农机开支要占到一半以上。可以看出，农业机械在农场的各项生产资料中的地位。各农场虽拥有不少经常使用的拖拉机、施肥机、除草剂、喷洒器等常见农业机械，但一些价格高、使用少的农业机械，如割草机、打捆机、播种机等，一般由农机专业服务组织拥有，根据需要为农场提供机具租赁服务。据了解，新西兰约有 200 多个农机签约服务组织成员，所谓签约服务就是以签订合同的方式向农场提供机械作业等服务。农机签约服务公司 90%以上的精力是跟农民联系，了解市场，讲解传授技术，宣传公司的新产品，并对售后机械进行跟踪服务。在新西兰，农机签约服务公司多数由农机生产企业、销售企业来承担，一般情况下一两个月上门服务一次，遇有故障随时服务到机。

## 第六节 农业科研教育与技术推广

### 一、农业教育

新西兰的农业教育包括正规大学教育和函授教育。如以农业综合教育闻名的梅西大学，现有学生 6000 人，教职工 1200 人,函授生 1 万人,外国留学生 100 余人。该校设有大学本科和研究生等多学制，培养不同类型的农业人才。如大学本科设有三年制和四年制，四年制所设的专业有农场管理和推广、农业工程、植物生产、水土保持和农业经济及市场学等。每个专业可选 4 ~ 5 门课，如植物生产可选修作物生产、植物生物化学等。这种专业的定向学习是为进一步攻读硕士、博士学位打下基础，也为学生毕业后到专业机构就业创造条件。三年制的学生到第三年每周有 12 学时的生产体系课，生产性较强，主要在农场完成。例如让学生制定奶牛饲养计划和学会如何当农场经理。

在新西兰的农业教育体制中，还有一种为期一年的专修科，它是取得农民资格的一种途径。申请入学者必须高中毕业，至少有 18 个月的农场实践经验。专修课主要讲授农场管理、作物生产、畜牧管理等方面的知识。除听课做实验外，还要到指定的农场从事生产实践，并写出实习报告。

### 二、农业科技研究和开发

新西兰的农业科研工作主要由农渔林业部下属的农业科研机构、科学工业研究部、综合性大学和农学院进行，经费由农渔林业部和科学工业研究部负责提供。

农渔林业部设有很多局,如咨询服务局、农业研究局和家畜健康局等。例如,农业研究局下设罗柯拉农业研究中心和众多的研究试验站。罗柯拉农业研究中心主要承担农渔林业部农业研究局的科研项目,有四个行政管理机构,南北岛各两个。有两个主要的研究站——罗柯拉动物研究站、罗柯拉土壤和作物研究站。这两个研究站除本身主要的科研任务外,还从事本地区的一些辅助性研究。罗柯拉动物研究站主要的研究内容包括动物疾病、育种、家畜管理与营养、繁殖生理等。罗柯拉土壤和作物研究站主要研究土壤化学与微生物学,植物与分析化学及害虫控制等。

农业科研水平较高的大学有新西兰梅西大学和林肯学院,它们都有自己的农业研究中心。其中梅西大学有与其他科研生产单位合办的研究所 11 个,其试验农场占地面积 5217 公顷,科研内容与教学和生产实际紧密结合。近年来农业研究经费有所减少,研究部门正与企业签订合同,希望得到经济补贴,同时,也向社会争取资助。

## 三、农业技术推广

新西兰的畜牧业占农业总产值的 80%左右,从事畜牧业的人口约占农业人口的 80%。新西兰的农业技术推广很大程度上是指牧业技术推广。

早在 19 世纪 20 年代,新西兰就设立了“新西兰农业最新科研成果咨询服务基金”,专门用以进行农业科研成果的推广与应用。1992 年以后,新西兰政府农业推广资金完全被取消,成立了专门的农业技术推广咨询公司。除专业咨询公司外,新西兰农业管理科学院、农渔林业部技术司、家畜改良公司、农场发展俱乐部、土地种植委员会、大学、私人和集体公司、毛利事务委员会等公司和机构也从事部分农、牧、渔业技术的推广与咨询工作。

新西兰从事农业技术推广工作的人员大多来自政府机构、科研部门、大学以及民间组织。近年也出现了一些个体专家，他们独自工作，与任何国家、集体、民间组织无任何关系。新西兰的推广人员均具有大学以上学历，从事农业技术推广工作的人员多数持有相关技术资格证书，并且在政府专门机构登记注册。

新西兰农业技术推广的领域较广，主要有绵羊养殖、奶酪业、耕作、肉牛饲养、农场防护林等。农业技术推广主要在农业协会或俱乐部活动中进行。例如，农场俱乐部的农业技术推广会每月举行一次，每次推广活动选择一名会员作为被访问对象。聚会由特聘的专家组织，俱乐部成员首先参观确定的牧场，参观过程中可以向主人提问。然后，大家集中起来，每个人就其牧场的成功之处或特色作描述。最后，由专家总结所参观牧场的优缺点，发现优秀的牧场供俱乐部成员学习、参考。

除俱乐部、协会推广形式外，推广人员还采用与农场主单独会面，进行个人访问或农场主邀请咨询专家到农场进行指导。信件、表格的往来也是重要推广手段。近年，推广人员也通过互联网进行服务活动。

新西兰农场主的文化程度都较高，对农业技术推广人员的要求也就相应严格。国家对农业技术推广也很重视，从事农业技术推广的人员大多都持有某一领域的资格证书。推广人员自身很重视知识的更新、信息的收集、技能的培训。新西兰梅西大学农业与园艺管理系设有农业技术推广专业，培养农技推广工作者。此外，“国家教育培训中心”也承担推广人员的培训工作。其他培训形式还有短期培训班、专业研讨会等。培训费由所在单位或个人承担。用人单位也很注重对其职员进行及时的专业性培训。

## 第七节　农业管理体制和农业扶持政策

### 一、现代的农业管理体制

和澳大利亚一样，新西兰的农产品出口贸易很发达，因此，农业很容易受到国际市场的影响。随着进口国对进口产品的检疫、食品安全、质量标准要求越来越严格，加上欧美等国对农业出口市场份额的争夺，新西兰的农业竞争力被削弱。此外，新西兰出口的农产品有很多是集中于传统产业和产品，比如羊毛出口主要是原毛、毛条，产业链不长，加工程度不高，附加值不大。因此，如何有效地应对农业外部环境的变化，提高产品的竞争力和盈利能力，对新西兰农业管理体制、政府职能以及政策都提出了改革的要求。以改革促发展，导致了新西兰农业管理体制和政策的变化。改革的基本思路是面向市场，尽量减少政府对企业、农场经营的干预，或者说，一切可以由市场运作的行为或政府专门做市场无法做或做不好的事，政府都交给了市场。

新西兰 1998 年对农业管理体制进行了改革，改革后新的农渔林业部的职能集中于农业政策法规的制定和实施、为农场和企业提供各类市场信息服务、制定农产品质量标准和动植物检疫、财务审计等方面。新西兰农业管理体制和政府职能以及农业政策调整的着眼点是彻底的市场化。世界上绝大多数发达国家政府都对农业提供大量补贴，而新西兰于 1984 年取消对农民的补贴，使新西兰的农民成为发达国家中少数没有得到政府任何补贴的农民。面向全球市场，既要减少政府对农民的干预，又要保护本国农业、服务于农民，努力保持农业、特别是畜牧业的生产和出口优势，争取和扩大在全球农产品市场中的比重，是新西兰政府工作的重点。

## 二、政府对农业的保护和支持政策

1.用法律保护和促进农业

新西兰在经济活动领域有一整套的法律法规。为了适应20世纪80年代以来国际形势的变化，新西兰对部分有关农业的法律、法规进行了修订。

国家于1971年和1983年先后制定了海水和淡水养殖的法规，并对水产养殖品种的进口实行严格的检疫标准，以确保自然环境免遭破坏。过去在新西兰附近海域的渔产品，尤其是远洋捕捞，大部分为日本、前苏联、韩国所得。这刺激了新西兰本国渔业的发展，并开始对外国渔船的活动严加控制，限定其捕鱼量等，保护了本国渔业的发展，使渔业也成为国家重要的产业。

2.通过科技进步节省资源、提高劳动生产率

新西兰的畜牧业日益依靠提高单产来增加效益，畜产品增长主要依靠单产的提高。因新西兰的气候温和湿润，牛羊整天在露天放牧，极少用牛舍饲养，使畜牧业的成本大大降低，但是，新西兰并不因为这种得天独厚的条件而满足。为了提高生产率，新西兰的畜牧业在以放牧为主的情况下，特别重视发展人工草场，人工草场的比例日渐增大。至今，人工草场面积已超过天然牧场1倍。政府十分重视天然草场的保护、改良和合理利用，严格限定载畜量。因此，新西兰牧场的特点是规模虽然比较小，但经营方式集约化。和澳大利亚最明显的不同之处是，新西兰依靠大规模人工培育的草场，发展成了世界上重要的畜牧业大国。

3.注重农产品质量标准体系建设

在国际贸易中，各国对进口农产品的质量检验标准越来越苛刻，这对新西兰这样一个以农产品出口为主的国家来说，是一个严峻的挑战。为了适应国际形势的需要，并且考虑到本国国民的健康问题，新西兰建立了完善的产品质量标准体系。例如，马铃薯有食用和种用专业标准，还有选育、加工、进口、出口等项标准。农渔林业部对牧草、谷物、油菜、马铃薯种子生产都有严格的鉴定程序，研究所负责生产原种，繁殖场在农渔林业部指导下生产原种，经鉴定才能扩大生产一、二级种子，并由商业渠道销售合格的生产用种。可以说，新西兰农产品的质量标准体系以满足绿色消费为目标，以国民的环保、健康、信誉为基础。对农产品的生产过程实施严格的质量监控，有先进的农产品处理系统和完备的储运系统，实现了一体化的、先进的、实用的、健全的质量保证体系。新西兰园艺产品普遍采用产品采后商品化处理，未经清选、分级、包装的产品不能作为商品出售，一般经过手工和外观目测清选、分级、包装和机械化清选，按照大小规格或质量分级包装两个阶段，出口产品还需要进行产品储藏保鲜处理。

4.农业气象服务

在农业气象方面，根据地形、气候和土地类型分行业进行预报，尤其是对新西兰国计民生具有重要地位的奶业和羊毛业，作出及时而正确的天气预报，更有重要意义。

# 第三章　美国农业经营与管理

美国全称美利坚合众国，地处北美大陆南部，北邻加拿大，东临大西洋，西临太平洋，南接墨西哥和墨西哥湾，国土面积937万平方公里。全国分50个州和一个特区。首都华盛顿，是美国的政治中心。纽约是美国最大的城市和港口。洛杉矶、芝加哥、费城、休斯敦、底特律、旧金山等都是世界著名的工商业中心。美国是世界上城市化程度最高的国家之一，因此农村就更显得地广人稀。美国的劳动生产率、国民生产总值和对外贸易额长期高居世界首位。

美国自然资源丰富，发展农业有着得天独厚的条件。美国本土的地理位置介于北纬25°~49°之间，属北温带和亚热带气候。东北部沿海和五大湖区属大陆性温带阔叶林气候，冬季较冷，夏季较温和；东南部和墨西哥湾沿岸属亚热带森林气候，受墨西哥湾暖流影响，温暖湿润；中部平原夏季炎热，冬季寒冷多雪；西部内陆高原冬季干燥寒冷，夏季干燥炎热；太平洋沿岸的南段属亚热带地中海式气候，北段属海洋性温带阔叶林气候。全国大部分地区雨量充沛，而且分布比较均匀。土地、草原和森林资源的拥有量均位于世界前列。东部除了不高的阿巴拉契亚山脉从东北向西南延伸将近2000公里以外，几乎是一片平原。阿巴拉契亚山脉以东是大西洋沿岸低地，以西是中央大平原，密西西比河从北到南贯穿大平原东部，其流域地区是美国也是世界上的主要粮仓之一。大平原的西部称作大草原台地。美国西部的山脉属于科迪勒拉山系，从北向南延伸。山区的东部为落基山脉，西部是喀斯喀特山脉和内华达山脉。太平洋沿岸是狭长的沿海平原，土质肥沃，海拔500米以下的平原占国土面积的55%，有利于农业的机械化耕作和大规模经营。美国的耕地面积约占国土总面积的20%，为18817万公顷（一公顷是15亩）。美国还有永久性草地2.4亿公顷，森林和林地2.65亿公顷。美国农业也有一些不利的条件，如山脉多是南北走向，北方的寒流可以长驱直入，影响南部地区作物的生长。美国多湖泊和河流。北部与加拿大交界处有5个大湖，水面面积达24.5万平方公里，是世界上最大的淡水湖区，比浙江、安徽两省加起来的面积还大。美国最大的水系是密西西比河，它流经的土地面积大约等于全国面积的1/3。大湖和大多数河流都能通航，形成了一个便利的水路运输系统，在美国农业发展中起着极其重要的作用。

## 第一节　农业的专业化经营

一般说来，农业区域化和生产专业化的产生与发展主要是受到不同地区的农业自然条件和农业自然资源的影响，另外，农业市场化或商业化的发展水平、农业科技进步以及它对农业生产力的作用，也同样会或多或少影响到农业的专业化发展。

### 一、美国的农业区域专业化

美国农业专业化生产水平较高，自19世纪20年代以来，就逐步形成了下述专业化的农业生产区域。

牧草乳酪区：包括东北部和湖滨各州，是美国最大的农业区之一。该区气温较低，土壤贫瘠，雨量较多而且分布均匀，适宜于谷物和牧草的生长，并且靠近美国的主要工业区，人口集中，因此大量发展乳牛业，是美国牛奶的最重要产区，乳制品产量约占全国的一半。农作物主要是牧草和玉米。肉鸡饲养在缅因、德拉华和马里兰州居重要地位。苹果、葡萄等水果在纽约和密歇根州生产较多。

玉米带：该区位于牧草乳酪区以南，主要包括衣阿华、伊利诺依、印第安纳、内布拉斯加和密苏里等州。这里地势低平，土层深厚，春夏两季气温高、湿度大，极有利于玉米的生长发育，是美国玉米的主要产区，也是世界上著名的玉米专业化地带。另外它还是美国大豆的最大产区。

小麦带：位于中部平原的西部，主要包括南、北达科他和堪萨斯、俄克拉荷马等州。这里地势平坦，土壤肥沃，冬季较长而严寒，适宜于小麦生长。该区还可种植牧草，附近又有天然牧场，所以经常同饲养菜牛相配合。

棉花带：美国历史上有名的老棉花带包括东起大西洋沿岸，西至得克萨斯的东部。但进入20世纪尤其是二次大战以后，棉田在向得克萨斯、密西西比和路易斯安那等州条件较好的地区集中的同时，逐步西移。目前加利福尼亚和亚利桑纳州已成为主要棉产区。老的棉花产区已经发展成为以家禽和牲畜为主的多样化农业区。

山地放牧和灌溉农业区：以落基山为主的西部高原、山地土地贫瘠、气候干旱、地广人稀，是专门化的放牧区。其北部是季节性放牧区，主要作物有小麦、豆类和甜菜；南部则为常年放牧区，战后这里很快发展成为高度集约化的灌溉农业区，种植棉花和其他作物。

太平洋沿岸北部小麦和林牧业区：位于美国北纬40度以北的广大地域。这里的山区开发较晚，保留有大片林地，宜发展林牧业；河谷地带则种植小麦、苜蓿以及温带水果。华盛顿州的苹果著称全美。

太平洋沿岸南部水果、蔬菜和灌溉农业区：这里冬季温和多雨，夏季炎热干燥，属地中海式气候区。发展有灌溉性农业，大量生产蔬菜以及葡萄等水果，供应全国各地。

混合农业带：位于玉米带以南和棉花带以北，主要种植有冬小麦、玉米和烟草等。

亚热带作物区：位于佛罗里达州和墨西哥湾沿岸，这里气候终年高温多雨、种植有柑橘、甘蔗、水稻等亚热带作物和早熟蔬菜。

1.美国种植业的区域专业化布局状况

在美国的50个州中，近10年来没有一个州全部种植美国的7种主要农作物。只有35个州进行小麦、玉米和大豆种植，虽然这3种农作物在美国各州几乎都可以种植；适宜性比较强的花生和甜菜，全国也只有9个和12个州生产。还有5个州，每个州只选择种植一种农作物；有4个州，每个州种植2种农作物；最后夏威夷专搞旅游业，缅因州全力发展养殖业，所以这两个州什么都不种植。以上这种状况说明，美国十分重视农业的专业化布局。

除了各个州在农作物种植上的选择和专业布局，美国还在土地资源、气候条件和市场、技术、加工转化等因素的共同作用下，在全国范围内形成了十大农作物种植区域，例如以饲草、烟草和果菜为主的新英格兰区，以饲料、饲草为主的中部大西洋区，以生产玉米、大豆和小麦为主的中部东北区，盛产玉米、大豆、饲草和小麦的中部西北区，传统烟草产区的南部大西洋区，主要生产饲草的西部山区，以水果为第一位生产的太平洋区，等等。

2.美国畜牧业的区域专业化的布局状况

在畜牧业方面，美国也存在区域专业化布局。例如得克萨斯州养牛数量在全国非常突出，在 2000 年和 2001 年占据了美国养牛总数量的 14%。实际上，这个州保持大致这样的比例已有 30 多年了，是美国养牛的重点州。该州有许多县基本上成为养牛专业县。另外，内布拉斯加州、加利福尼亚州、堪萨斯州等，都属于美国的养牛主要布局区域。

在生猪饲养方面，衣阿华、明尼苏达、伊利诺依、北卡罗来纳、印第安纳和密苏里 6 个州，占美国生猪饲养总量的 66% 以上，其中衣阿华一个州近几年就占美国生猪饲养总量的 30% 左右。

在家禽养殖方面，肉鸡产量最多的州是亚利桑那、佐治亚、亚拉巴马和密西西比 4 个州，火鸡的主要产地则是俄亥俄、明尼苏达和弗吉尼亚 3 个州。

## 二、美国农业生产的专业化

美国农业的生产专业化，是指农业企业的专业化生产。美国农业企业的专业化生产，是随着农业生产的社会分工和市场化的发展而不断发展的。1773 年美国建国以后，最先在北部地区出现了一批专门种植谷物的农场，还出现了一批专业性畜牧场，其典型例子是奶牛业的工厂化，即在奶牛业集中的地区建成了进行奶制品加工的黄油厂和奶油厂，从而促进了这一行业的专业化。南北战争后，随着工业化、城市化和交通运输的进一步发展，特别是随着农业科技进步和农业市场化水平的提高，农场生产的专业化逐步发展。东北部奶牛业继续朝着工厂化的方向前进，中北部谷物和畜牧业、南部的棉花农场的生产专业化水平相继得到提高，逐步形成了农场专门种植一两种农作物或只经营饲养一两种牲畜的趋势。这样，有利于提高农业劳动者的技术水平和劳动生产率，降低生产成本，增强农产品的市场竞争能力。这一时期的农业专业化生产，为美国现代化农业中的专业化生产打下了良好的基础。自20世纪50年代以来，美国农业的市场化程度进一步提高，农业内部的分工也有新的发展。与此相应，美国农业企业的专业化生产也就有了很大的进展。

1.大田作物的生产专业化

在古代，就有农户根据当地自然条件选择决定专门种植一种或两种粮食作物，但这种情况还不能说是真正的农户(农场)生产专业化。我们所说的生产专业化是现代的农场生产专业化，是与高度发达的农业市场化紧密联系在一起的。因为现代农场生产专业化是农业社会分工发展到一定程度的产物，同时农业市场化既是农业社会分工发展水平的一个重要标志，也是实现农业生产专业化必不可少的桥梁。

美国的大田作物农场的生产专业化主要表现有下述几种类型。

第一，专门种植一两种作物的农场。其中最为典型的是专门从事谷物生产和棉花、烟草等经济作物生产的农场。在玉米、麦类的主要产区，许多农场只种植玉米或小麦，而棉花产区的不少农场则专门生产棉花，烟草产区的许多农场专门经营烟草生产。大豆、甘蔗、花生等的生产也有很多这样的情况。这样做，有效地提高了农业生产者的专业知识水平和农艺熟练程度，从而相应增加了单位产量和劳动生产率。

第二，实行轮作制的专业化农场。由于长期单一种植某一种作物会降低土地的肥力，不利于提高单位面积产量和生产效率，而实行一定程度上的轮作制，则可改良土壤，增加产量，降低成本，提高生产率。例如，在种植谷物、棉花、烟草的土地上，轮作大豆、花生等豆科作物，使两者均可达到更好的效果。适度的作物轮作制，不仅没有降低农场生产专业水平，而且可以进一步提高生产效率，实际上也提高了其生产专业化的科学化水平。

第三，把大田生产专业化与其他行业的适度生产经营结合起来的农场。例如，种植玉米等饲料作物的农场，同时经营以玉米等为饲料的畜牧业，而禽畜粪便又作为种植业的肥料。这种专业化生产的好处，一是可以节省流通费用，如饲料、肥料的流通费等；二是可减少化肥的施用量，既降低购买肥料的生产成本，又可减轻农业化学化带来的环境污染；三是可充分利用劳动力资源，避免或减少因农作物季节性而带来的人工闲置的损失。

第四，良种生产专业化农场。包括各种谷物、棉花、烟草、大豆、花生及其他作物的良种培育农场。它们通常是和科研机构有着紧密的联系，或者是科研机构的实验基地，或者是与科研机构签约的良种推广农场。当然，那些产品生产单一或品种很少的农场，特别是其中的家庭农场，在农闲季节也兼营其他产业，现在美国的农场或农业劳动者有 3/4 是兼业农场或兼业农业劳动者，其中从事大田作物生产的农场和农业劳动者兼业比例更高一些。

2.畜牧业的生产专业化

畜牧业可分为家畜和家禽两大类。现在，在美国，这两大类的各个品种及其生产过程均有高度发达的专业化社会分工。不仅有牛、猪、羊、鸡等品种专业化生产农场，而且在各个品种里面又分成更具体的专业养殖农场。例如，养牛业就有仔牛养殖场、肉牛养殖场、奶牛养殖场等等。在奶牛养殖场中，又可分为专为奶品加工厂提供鲜奶的农场以及从生产鲜奶到奶品加工、销售的综合性奶业农场等等。在养殖形式上，又可以分为放牧式养牛场、圈养催肥养牛场等等。养猪场的情况也大体如此，一般有小猪繁殖场和肉猪饲养场之分。禽蛋类的生产专业化程度也很高，有专业孵化小鸡的农场，有专业生产鸡蛋的农场，有专业生产肉鸡的农场，还有专业肉鸡的加工厂。其他家畜或家禽品种的饲养上也大体如此，划分的非常细致，形成了很具体的专业化生产。总之，由于产前和产后社会化服务体系高度发达，畜牧业生产中的生产专业化程度要比种植业高得多，是美国农业生产专业化程度最高的产业。

3.果品蔬菜生产的专业化

美国果品蔬菜生产的专业化程度达到了很高的水平。美国由于地域辽阔，自然气候条件多种多样，因而果类品种繁多。各类果品，特别是苹果、柑橘、葡萄等大宗果品，基本上是由专业化农场或公司生产经营的。这些果品的生产单位，大体有两大类型：一是从事果品专业化生产和进行筛选、分级和包装后，即把产品投放到国内外市场的农场；二是经营从生产到产品深加工、销售的巨型果品生产经营公司。此外，美国还有各种专业化程度很高的果品种苗公司，向有关果业生产单位提供各种优良的果苗。

随着市场对蔬菜品种和质量要求的不断提高，美国的大宗蔬菜生产形成了不同类型。有按品种划分的专门化蔬菜农场，有根据气候季节变化、地理条件和市场的要求，适度增加和变换品种的专业化蔬菜生产农场；有生产蔬菜并进行初加工，即把产品投放市场或销售给加工厂的农场；还有从生产、加工、销售一条龙的联合蔬菜公司。

由于温室蔬菜、花卉专业化种植不受自然气候的影响，污染很少，产品质量高，适合居民提高生活质量的要求，市场需求日益扩大，且其工厂化程度高，附加价值大，利润率高，因而在美国专门从事暖房种植业方面生产的企业数量不断增多，经营的品种和规模不断扩大，技术水平也不断提高。

### 三、为农业生产配套的专业化服务

美国平均每个农场只有 1.4 人在那里生产和经营，即使规模大的，例如七八千亩、上万亩甚至两万亩以上的农场，也不过只有两三个人。之所以这样，关键是美国各种各样的专业化农业服务公司把农业生产和经营过程中的各个环节承担了，包括产前的生产资料供应，产中的耕地、播种、施肥、灭虫、除草、收割等，产后的筛选、包装、运输、加工等，还有全程需要的技术、信息服务等等。为农业经济提供服务的公司，有的由一个或多个公司与农场签订合同，按合同提供全套服务；有的则根据农场的需要，只提供其中的一项或几项服务；还有的根据农场的要求，商定服务的时间及完成作业的时间；还有一些专门为农场提供技术、信息服务的公司。它们或者向农场提供各种先进的农艺技术及服务，为农作物或禽畜检查、监视病虫灾或旱灾的情况，并采取相应的对策和措施；或者向农场提供各种技术信息和市场信息；或提供咨询意见；或者向农场提供技术服务，培训或指导农场采用新技术等。当然也有混合型农业产中服务公司。它们既向农场提供各种技术、信息服务，又为农场及时完成各种产中服务。上述服务均由农场与服务公司签订合同，规定双方的任务和权益，如服务质量、效益、价格等。服务公司按合同收取相应的租金或服务费。这种完全商业化和专业化的农业服务状态，是美国农业社会化高度发展的重要标志。

## 第二节　农业的一体化经营

农业的一体化，就是指由农业生产和与农业有关的所有环节，即从农用生产资料的制造和供应、农产品的生产、收购、储藏、运输、加工、包装一直到最后产品的销售等环节组合到一起的一个有机的统一体。在这个锁链中，农业生产只是其中的一个环节。一体化农业已经摆脱了那种以农业生产为中心，基本上自给自足的传统农业生产的局面而发展成为现代化的农业。它的基本特点是，把农业和工业、商业以及其他的服务行业融合为一体，从而为农业生产带来了一系列根本性的变革。

一体化农业是农业生产专业化、市场化、商品化发展的必然结果。早在 19 世纪的上半叶，美国农业的专业化和商品化程度就迅速提高了。由于美国农场的规模大，产量高，主要农产品产地和消费地之间的距离遥远，因此，农场主根本不可能依靠自己的力量来运输、销售自己的农产品。于是，就有许多人脱离开农业生产，专门为农场主供应生产资料和收购农产品，以及提供各种产前、产后和产中的服务，这样一体化的农业体系就逐渐建立起来。

一体化农业的形成对美国农业经济的发展产生了极其深刻的影响。其中最明显的是，它有力地促进了农业劳动生产率的提高。一体化农业的特点是在农业综合体内部，各个环节之间都有着明确的分工，实行高度的专业化，同时又有着密切的合作。随着农业一体化程度的提高，分工与合作的程度也在不断提高。实际上，目前的美国农业已经在很大程度上实现了工业化生产，农业劳动者的技术装备大大超过了工业劳动者的技术装备，农业劳动生产率得到了迅速的提高。一体化农业的形成对美国农业经济发展的另一个重要影响是促进了农产品的流通。

## 一、一体化农业与农产品流通

美国农业一体化实现的前提条件主要有：

第一，美国建设有良好发达的交通运输设施。早在1825年，美国就建成了历史上第一条运河——伊利运河，把大湖和哈德逊河联结了起来。1828年美国又筑成了第一条铁路，几乎同时掀起了修筑运河和铁路的高潮。20世纪初汽车出现以后，又在农村土路和大道的基础上很快改造成公路。加上方便的海运和水运条件，构成了美国四通八达的交通运输网。它们对美国农业的发展和农产品的流通起到了积极的促进作用。

第二，在农业发展的同时，修建了足够的仓储设备。从20世纪20年代起由政府向农场主提供贷款来扩建仓库。1933年以后，政府通过农产品信贷公司修建国家的粮库。此外，美国还十分注意建造冷库，以保持农产品质量。

第三，由私人和政府共同努力建立了一个完善的农业信息网。目前，无论是农业部的材料，还是各县农业推广站的出版物，都有义务向农场主提供国内外市场信息，介绍最新的优良品种和各种先进的科学技术，指导农场主制定生产计划，采用新品种，提高农产品产量。

所有这三方面的设施都是农业生产专业化、商品化必不可少的基本条件，同时它们的存在和发展对美国农产品的流通起着特别重要的作用。美国农产品流通渠道之所以能保持畅通，还因为它采用了多种渠道，并且在多种渠道之间相互协调和配合。在美国，农产品流通主要有以下四种方式：在产销之间签订销售合同和生产合同；有一部分农产品加工公司直接插手农产品原料的生产，把两个或两个以上的生产阶段垂直结合在一个企业内，称之为“垂直联合”；政府通过农产品信贷公司购买一部分农产品，其中主要是所谓的“主要农产品”；其余农产品则由农场主拿到农产品市场上出售。

## 二、一体化与农业综合企业

所谓农业综合企业，就是在一体化农业的基础上，把农产品生产过程、流通过程以及农用物资的生产和供应等各个环节或几个环节的农业、工业和商业置于一个统一的领导之下，以便更有效地协调生产。这是微观意义上的一体化农业。在美国，农业综合企业主要有以下三种：

第一种是由工商企业联合组成的农业综合企业。这种综合企业由于把农产品的产、供、销的所有环节或其中的几个环节置于统一领导之下，因而便于根据需要来安排农业生产，从而使农业生产更好地适应迅速变化着的社会需要。这种企业还有资本雄厚、机械化自动化程度高的特点，因而便于把最新科技成果和管理方法运用到农业生产中去，从而不断提高劳动生产率和经济效益。

第二种是公司农场。美国公司农场中的一部分是以农业生产为主体的综合企业。它主要是以公司的管理方式和渠道来经营农业生产、加工和销售。

第三种是农场主合作社。这是一种流通领域内的农业综合企业。美国农业虽然以家庭农场经营为主，但是由于规模大，生产力水平高，产量大，商品率高，加上产地与消费地之间的距离远，因此围绕农业生产服务的各行各业应运而生，为社员服务的农场主合作社也随之产生和发展。目前，农场主合作社已经成为美国一体化农业中不可缺少的一种力量。美国的农场主合作社可以分为供销合作社、信贷合作社和各种服务合作社。

## 第三节　农业的社会化服务体系

农业生产经营的全过程可分为三大阶段；一是农业产前阶段，即农用生产资料的生产、销售和把这些生产资料送到农场(农户)手中的阶段；二是农业产中阶段，包括农业生产本身的耕、种、播、收等生产活动过程（这主要以种植业为例，林、牧、渔业也有类似的过程）；三是农业产后阶段，即农产品的贮存、运输、加工、销售等经济活动过程。农业社会服务最初主要是农业产前和产后阶段的经济活动，现在也包括一部分产中经济活动，可见其内涵是随着包括农业在内的社会生产力和社会分工的发展而不断发展变化的。

从组织和经营的角度看，美国农业的高度现代化同它较为发达完善的农业社会化服务体系是分不开的。所谓的农业社会化服务体系的含义是：随着农业生产力的发展和农业商品化程度的不断提高，传统上由农民直接承担的农业生产环节，越来越多地从农业生产过程中分化出来，发展成为独立的新兴涉农经济部门。这些部门同农业生产部门通过商品交换相联系，其中有不少通过合同或其他组织形式，在市场机制作用下，同农业生产结成了稳定的相互依赖关系，形成为一个有机整体。

美国庞大的农业社会化服务体系是由政府、私人公司、合作社三个层次的组织机构组成的公共农业社会化服务系统、为农业提供服务的私人农业服务系统以及农场主合作社系统。这三个系统相互补充、相互促进、彼此竞争，推动着美国现代化农业不断前进。

### 一、公共农业社会化服务系统

政府的公共政策对农业的发展以及合作事业的发展，具有举足轻重的影响作用。美国政府对农业社会化服务的支持主要通过农业教育、农业科研和农业推广三个方面进行，其中包括两套体系：一是农业部农业研究局、合作推广局等联邦农业服务机构；二是各州赠地大学农学院及其附属机构、农业试验站和合作推广站组成的农学院综合体。以上各方面共同形成了美国公共性质的农业服务系统。

美国的公共农业服务系统，是建立在三个重要的农业立法的基础上，即 1862 年制定并通过的“莫里尔法”（赠地学院法），由此奠定了美国高等农业教育和科研的基础；1887 年建立的“海奇法案”(农业试验站法)及其后制定通过的一系列与农业研究相关的法案，以法律形式保证了农业试验站科研经费的来源，规定了基本研究目标和职责，并定期报告研究进展；1914 年制定和通过的“史密斯－利弗法”（农业推广法）及此后颁发的 9 个有关农业推广工作的法令，促进了与农业、家政有关的实用信息在农村的传播，为农民提供免费指导、示范服务等。一个多世纪以来，美国通过立法手段，形成了一个完整的农业教育、农业科研、农业推广的公共农业服务体系，在其发展过程中，又从为农业服务推广到为农民服务，不仅提供农业教育、科技服务，而且还提供家政、农村青年发展服务。公共农业服务系统为美国的农业发展做出了巨大的贡献。

## 二、私人农业服务系统

美国农业社会化服务体系中的私人公司扮演着十分重要的角色，为农业提供系统的购销、加工以及产中服务。尤其值得重视的是，为农业提供服务的私人公司，不仅在农业生产的组织、协调中发挥着重要的作用，而且及时客观地反映市场运行状况，成为调节农业产品结构和组织生产的“指示器”。美国的农业生产是建立在高度专业化基础上的，它是由生产地区专业化、农场经营专业化和生产工艺专业化三个层次构成的，这使得它能够与农业相关联的工商企业建立起稳定的关系，从而形成以农业生产为中心、由不同行业所组成的农产品供销一体化体系，向农业提供生产和经营方面的各种服务。美国农业社会化服务体系中的私人服务系统包揽了产前、产后和产中服务的绝大部分，甚至还提供某些教育、科研和推广方面的服务。

1.农业产前和产后服务的厂商

美国农业生产资料的生产与供应厂商是农业产前服务体系的基本经济组织，主要包括生产厂家（公司）和供应、销售公司(商店)等。

第一，生产农用物资的厂商和公司。从改良农具到农业半机械化，从农业半机械化到农业机械化甚至科学化，美国农业所需生产资料的品种日益丰富，其性能不断改进和提高，总体数值愈来愈大。农机具、交通运输工具、机械设备、化肥、农药、除草剂、农用建筑及其他农用生产资料已发展成为庞大的产业体系，几乎涉及到所有的经济部门。生产农用物资的厂商和公司提供的服务主要有:(1）供应农业的原材料和能源。所有农用原材料和能源都是有关厂商或公司生产的。(2)农机具和农用机械设备。农用生产资料的生产厂商已构成一个相当大的产业群,在机械制造业中占有很大的份额。(3)化肥和农药等。生产这类农用生产资料的厂商和公司也成为相当大的产业群体。总之，提供农用原材料、能源、农机具和设备、化肥和各种农畜药物的生产厂家或公司，其产值和雇佣人员均已超过农业产中的相应数量的若干倍，构成了相当庞大的农业产前服务体系。

第二，固定供应农用生产资料和农业产后服务的厂商。按经营方式划分，美国固定为农业产前和产后服务的厂商或公司有两种类型：一是与农场签订长期合同进行经营的厂商和运输公司，这些企业和公司与农场签订有关的商务合同。这些合同，一般不是临时性的合同，而是为期相当长的、比较固定的合同。根据合同规定，有关厂商和公司按时、按价和保证质量，向农场供应种子、树苗、种禽、幼畜、饲料、肥料、农药、除草剂、包装材料、农机具及其他机械设备等生产资料，协助收割，提供运输服务，有的还提供信贷、科技信息和资料及咨询意见等。而农场则按合同的规定，按期按质向厂商提供相应的农产品。为此，合同中通常规定农场生产的品种、数量、工艺、质量规格、等级及价格等，且农场依此组织生产。这对双方均有好处。农场主可得到产品销售保证以及资金和技术供应；而厂商和公司则可保证其农用生产资料的销路，或得到相对固定的农产品原料和进货渠道，并避免直接在农场投资的风险。二是农工商综合企业或公司。即由工商资本直接投资经营农业，把农场变成下属的分支企业或专业化的生产车间。主管公司直接给农场提供各种生产资料，制订生产计划，生产出来的各种农产品由公司加工、输运和销售，形成了农工商一条龙。这类农工商综合企业和公司通常规模相当大，技术水平相当先进。

第三，为农业服务的商业企业和公司。除了农业合作社和上述较为固定为农业服务的厂商和公司外，美国还有大量其他类型的商业企业和公司，包括批发公司和零售商店。它们或向农场供应各种生产资料，或经营农产品的采购、运输、加工和销售，或两者兼之，综合经营。在供应农用生产资料的商业公司和商店中，经营形式多样，经营内容不一。有专业性的公司和商店，如专营农机、肥料、种子的商业机构，其中又分为专营某一品种或少数同类产品的商业公司，如专营某种农机和设备的公司，或只销售某一种或几种种子的商业企业，等等。在价格较贵、销量较大、专业技术水平高的农用生产资料供应商中这是相当普遍的。也有综合性的农资公司和商店，有的是大型的批发综合公司，也有的是分散在农村的各种小商店，后者多为零售数额有限的商品，如较小的农机具及其零配件，小包装的肥料、农药等。

2.农业产中服务公司

除了一些农业合作社和为数不多的农工商综合企业之外，美国还有各种各样的农业产中服务公司和企业。主要有下述几种类型：

第一种类型是为农场提供耕地、播种、中耕、施肥、灭虫、除草、收割等服务的公司。有的由一个或多个公司与农场签订合同，按合同提供全套服务；有的则根据农场的需要，只提供其中的一项或几项服务。有的根据农场的要求，商定服务的时间及完成作业的时间。有的作业，如灭虫，则由当地的农场一起去与灭虫服务公司签订有关的合同，后者负责检查、监视虫害的情况，并及时采取相应的灭虫措施。

第二种类型是为农场提供技术、信息服务的公司。例如向农场提供各种先进的农艺技术及服务；为农作物或禽畜检查、监视病虫灾害或旱灾的情况，并采取相应的对策和措施；向农场提供各种技术信息和市场信息，或提供咨询意见；向农场提供技术服务，培训或指导农场采用新技术等。

第三种类型是混合型的农业产中服务公司，它们既向农场提供各种技术、信息服务，又为农场及时完成各种产中服务。

上述服务均由农场与服务公司签订合同，规定双方的任务和权益，如服务的及时、质量、效益、价格等。服务公司往往提供农机具、肥料、农药等生产资料，并收取相应的租金或按价计算的费用，而农场则需如期交费，这对双方都是有利的。

这种商业化农业产中服务的发展，是美国农业社会化服务体系高度发展的重要标志，也是美国农业高效率的重要支柱。

美国农业的私人服务系统，在客观上适应了生产力发展和农业生产社会化的要求，因此对美国农业经营管理方式的变革、推动产业结构高级化乃至农村社会经济发展等方面，均起了重大的作用。

## 三、农业合作社系统

在美国的农业社会化服务体系中，合作系统是一支十分重要的力量，为农民提供销售、购买、信贷、运输、仓储、灌溉、动植物人工授精乃至电力、电话等方面服务。20世纪50年代以后，随着农业商品化程度的提高和业务规模的扩大，美国还成立了一批讲价合作社，它们代表社员进行农产品销售方面的谈判工作，经过一百多年的发展，美国的农业合作社形成一个庞大复杂的系统，农场主们出于不同经营的需要往往同时参加几个合作社。据统计，平均每个农场主参加2.6个合作社，合作社的社会化服务功能由此可见一斑。

美国的合作社产生于19世纪中叶，随着农业市场化的发展而不断发展。为了保护自身利益，分散的农场只有组成各种形式的合作社，以便与相关的厂商一争高低。一百多年来农业合作社的组织形式、管理方式不断改进，经营的总体内容日益丰富。

南北战争后的30年间，面对厂商压低农产品价格和抬高农用生产资料价格，以及通货膨胀和信贷紧缺等的压力，农民除通过“绿背纸币党”和“农民保护会”进行反抗和向政府施加政治压力外，还通过成立“农民互济会”、“农民联盟”等组织，促进购销合作社和农民保险公司等的发展。合作经济组织力图自己进入市场来求得自身的解放。

20世纪初至50年代中期，农业合作社发展得很快。其中，农产品销售合作社在20年代末30年代初达到高峰后开始减少，而农业采购、供应合作社则一直在增加，且销售额均不断上升。当时除了经营农用生产资料供应和农产品销售的农业合作社外，农业信贷、保险、水利灌溉等方面的合作组织也有不同程度的发展。

50年代之后，美国农业合作社为适应现代农业发展的需要不断进行自身发展，继续拓宽业务，除了供应农用生产资料和农产品的收购、销售、储运、加工等业务外；还不断扩大农业生产中的各种服务活动。加深专业分工，例如只经营一种生产资料的供应，只从事某种服务活动，有利于提高技术水平和经营管理效率。农业供销合作社加强集中，通过合并等方式使农业供销合作社在数量上不断减少，然而销售额却持续增加，实力显著增强。农业合作社的基本原则、组织结构、管理方式等方面的情况，概述如下。

1.基本原则和特征

美国农业合作社是农民自愿组织的服务性企业。它与其他企业不同的是：投资者和使用者结合在一起。其基本经营原则有以下几个：一是合作社仅为其成员所有，且实行民主管理；二是资金主要由其内部成员提供；三是获得的利润按其成员使用服务的多少进行分配。

合作社的基本特点有以下几方面：一是非营利性，即以尽可能低的价格为其成员服务，以提高其成员的经济效益；二是内部成员权益均等，实行一人一票的民主管理；三是风险共担，盈利共享；四是经营服务对象只限于本社成员；五是严格限制使用用于支付股息的资金，以确保按服务程度分配利润。

2.美国的农业合作社架构

主要分为政府和民间两个层次，从政府层次看，主要由合作推广服务处和农业合作服务司两个部门组成，一方面对现有的农业合作社提供研究管理、信息及教育协助，另一方面帮助农民组建新合作社。从民间层次看又可分为两类组织，一类是全国性或区域性、专业性社会团体，一类是地方性、区域性团体。全国性或国际性的合作社组织、各类合作社团体分别从政治、立法、经济、教育及专业指导等方面促进农业合作事业的成长与发展，如全美农民合作社联合会主要从政治、经济环境角度作为农业合作社的代言人；再如农业办公署则主要利用游说手段从立法角度为农民提供福利保障；又如美国合作协会则主要从事合作教育活动，而农业金融委员会则主要从金融角度为农民提供服务。

多层次的农业合作社在不同范围内开展业务，为美国农民提供各种形式、不同业务内容的服务。地方性合作组织则根据其服务范围，开展营销、供应、植保、金融及特殊项目(电脑技术、通讯、电力、医疗、土壤测定和保护)等方面的小区域服务；而区域性、全国性的合作组织则以规模大为特点，从流通、生产两个方面来降低农民的经营成本；至于国际性的农业组织，其成员则扩展至国外开展更为广阔范围的活动。从美国各类农业合作社的基本功能来看，均为经济性质的组织。农业合作社以增进农民经济地位、提供各项服务、促进营销秩序、维护农民权益、保护自然资源为主要宗旨，另外兼具表达农民意见、影响并促成保护农民的法律和政策的功能。所以美国的农业合作组织，并非仅仅为农民谋求福利，其更重要的社会责任是在于从经济方面帮助农民与私人经营的企业相抗衡。

3.合作社的服务内容

美国所有的农业活动均有合作社参与，从生产、收获、运输、代销、加工、仓储到农业生产资料供应、金融、保险。按服务内容分为销售农产品的合作社和供应农业生产资料的合作社。事实上，这两种合作社均可在一定程度上从事多种生产和流通经营活动。

美国的运销合作社。主要为社员提供农副产品代销服务，营业量为农业合作社总营业量的72%，在美国的农产品销售市场上，通过运销合作社提供中介服务代销的农副产品将近30%。由于美国农业生产区域性强，所以，一般的运销合作社只专营某一种农产品，以销售为核心，从加工、分级、包装、仓储，一直到洽谈、拍卖各个环节无不涉及，其业务几乎贯穿农副产品流通的全过程，所以运销合作社在美国的合作社系统中具有十分重要的地位。

美国的供应合作社。以供应社员各类农用生产资料或生活物品，如饲料、种子、肥料、石油产品、农化产品、五金、建材、园艺用品、日用杂货等为主要业务。供应合作社主要采取联合经营方式，通过大批量采购或规模生产，不但供货稳定且因价格低廉，具有极强的市场竞争力。供应合作社分为专门性的和综合性的两类，前者只经营一种或一类商品，但覆盖面供应量都大，大多数专门性合作社主要是为专业化生产服务的专项物品供应工作，如饲料、包装材料、农药等；后者则采取全方位多功能服务方式，从原材料采购到成品制造，再到送货上门开展系列化全过程服务。近年来一些供应合作社又将业务范围延伸至消费领域，为农民提供生活物品购买、娱乐等方面服务。

4.管理方式

管理方式主要有：第一种，由合作社成员民主选举董事会和雇佣的经理负责管理，各司其职；第二种，把挑选合格的管理人员放在第一位，其次才是资本和设备管理；第三种，依法管理，即申请和接受入社、社员资格证书、资金储备等均依法律和有关规章进行；第四种，合作社的经营活动既要获得商业经营成就又要保持其为成员服务的宗旨。

此外，合作社除向国家缴纳各种税款外，其成员在就其所得利润方面纳税时还享有优惠待遇，即只向联邦政府缴纳一次所得税，而不必像其他投资者那样再缴纳一次所得税。同时，农业合作社通过自己的供销经济活动，既可协调本社内部及其成员的生产经营活动，也可在一定程度上协调社会供求关系。

## 第四节　农业科技化发展

### 一、当代美国农业科技进步的基本特点

概括起来说，当代美国农业科技进步的最基本特点是农业科学化，其主要表现为系统化、综合化、市场化和实用化。

1.农业科技进步的系统化

这里所说的农业科技进步系统化，是指农业产前、产中和产后科技进步的系统配套，即农业社会生产过程实现科技进步。如前所述，美国农业科技进步是先从一定环节取得突破后，逐步实现系统化的。因而，系统化则正是当代美国科技进步的重要特点之一。以美国重要农作物玉米的生产为例，农场在产前不仅提供各种先进的农用基础设施、机器设备、肥料、杀虫剂和除草剂等，而且还研究和培育出各种优良种子和农艺技术；在产中，则根据产前提供的先进设备和技术，科学组织实施，并依据玉米生长的需求及当地土质、气候、病虫害等情况及其变化及时采取措施，保证作物的正常发育成长和及时收割；在产后，玉米的储存、运输、加工、销售等部采用了先进的科学

技术。在畜牧业中，猪、牛、鸡等所采用的先进科学技术也是系统、配套的。这种系统化的高科技是当代美国农业发展的重要物质技术基础，也是当代美国各农业经济产业高效率的主要因素之一。

2.农业科技进步的综合化

如果说，农业科技进步系统化是农业各产业、各品种社会生产纵向的科技进步，那么农业科技进步的综合化，则除了包括纵向农业科技进步之外，还包括农业与非农部门之间、农业内部各产业、品种之间，以及机械学工程科技和生物学工程科技的科技进步的综合配合。如前所述，美国农业科技进步从某些产品或某些环节开始，到综合全面实行先进的科学技术经历了相当长的过程。

二战后美国农业科技进步综合化的主要表现是：其一，整个农业经济领域的产前、产中和产后均全面采用了先进的科学技术；其二，农业内部各产业、各品种、各地区均逐步研究和应用适合各自特点的先进科学技术；其三，农用机械学工程科技和生物学工程科技相辅相成，互相促进，共同进步；其四，农业科技和非农业科技联为一体，共同进步；其五，把科技进步的农业经济效益和社会效益结合起来，如环保、生态农业科技的发展，两者均获得显著的效果。总的说来，农业科技进步的综合化，既是战后美国农业发展进入新阶段的重要标志，也是美国农业持续高效发展的基本条件。

3.农业科技进步的市场化

所谓农业科技进步的市场化，是指以农业科技进步成果为内容的市场已经形成了。长期以来，都是联邦政府和州政府给美国农业以科技基础研究和教育所需的支持和扶植。一般说来，农用科技成果应是通过市场实行自由买卖的，双方均有权自由选择，形成竞争性的市场机制。战后，美国在继承市场基本原则及以有关法规的基础上，进一步完善了农业科技成果的市场体系和管理机制，形成了规范化的农业科技市场。除了联邦制定有诸如专利法等法律外，各州也根据自己的特点制定出各种法规，明文规定可在本州销售的技术设备、种子、幼畜及其农艺技术须经检验并达到标准，否则不准出售。至于那些农用技术产品的假冒伪劣者则要绳之以法，并建立有相关的管理机构。此外，联邦和各州政府还在经济上对一些农用科技进行程度不同的调控，包括提供不同程度的补贴，以促进高效农用科技的发展，保持农业持续、健康地发展。

4.农业科技进步的应用化

如同其他科技一样，农业科技也可分为基础科技和应用科技。美国农业的基础科技实力雄厚，但是，其目的在于应用。大力发展应用型农用科技，是当代美国农业科技进步的显著特点之一。大力发展应用型农用科技的益处主要有：其一，便于同农业科技成果的市场化紧密联系在一起，发明者和应用者各得其所；其二，应用型科技与各地区、行业、品种紧密联系在一起，便于推广，农场和社会效益均好；其三，把投资、研究、推广紧密联系在一起，易于解决农业科技投资的经费来源；其四，与上述三者有关，加上国家和各级政府的适度扶植，促成农业科技进步的系统化和综合化。

## 二、美国农业教育科研推广体系

美国农业科技进步的基本途径是把农业教育、科研和推广联系起来，把基础理论研究与应用研究结合起来，且以应用研究为出发点和归宿。美国的农业教育——科研——推广体系，从纵向看由两部分组成：一是农业部农业研究局、合作推广局等联邦农业服务机构，二是由各州赠地大学农学院及其附属机构农业试验站和合作推广站组成的农学院综合体；从横向看，则包括相对独立又互为一体的三个部分：由各州农学院组成的公共农业教育系统，由各州农业试验站和联邦农业推广机构组成的合作农业推广系统。美国的农业教育——科研——推广体系正是因此而得名。

1.农业教育

19 世纪 50 年代，国会就联邦各州赠地建大学的问题进行过激烈的争论，有关法案因南部各州的议员反对而未能通过。1861 年南方各州退出联邦后，1862 年国会通过的《莫里尔法案》颁布以后，规定各州可按其在国会中的议员人数从联邦获得公有土地(每个议员 3 万英亩)，并将出售土地所得用于建立农业和机械技术学院。结果，有 17 个州把分配到的土地转给原有的州立大学，并在大学附设农学院，其余的州则建立了独立的农业和机械技术学院，由此建立起了农学教育体系，而这些学校则被称为“赠地大学”或“赠地学院”。现在，美国共有赠地农学院 56 所。农学院原先主要承担农业科技教育和普及的任务，除招收和培养大学生外，还办一些普及科技性质的初级班和成人班。

现在，农学院已成为农业科技的教育中心和科研中心。在教学方面，主要是培养农业科技的专门人才，并举办各种期限不同的培训，给农场主和科技人员介绍最新的科技成果，包括产前、产中和产后的科技成果。除教学外，农学院还承担如下任务：(1)研究和发展农业科学，并且其研究范围不断扩大；(2)研究农村中出现的新问题，如科技进步带来的农民就业、农产品价格低和农民收入低的问题等；(3)研究生态环境问题；(4)研究农业资源的利用问题；(5)有的农业学院还承担在技术上援助发展中国家的任务等。

2.美国农业的科研体系

美国农业是美国研究与开发长期投资的重点领域之一，属于国家和私人企业投资的第一种类型，国家对农业科技的投入，自1958年以来以8%的年增长率逐年增加。到目前为止，尽管美国用于农业科研的私人投资比重在整个农业科研经费中超过50%，但其研究的重点在于能直接应用于生产、具有市场潜力和高额利润的开发性研究上。对于没有直接经济效益，但关系到未来科技发展的基础性研究和应用性研究，主要依赖于政府投资。强大的国家农业科研机构、国家对农业科学研究和推广的投资，是国家食物安全和提高国际竞争力的保障。美国的农业研究投入是按照法令和条例由联邦政府拨款的。

美国联邦政府农业研究的投入有四个方向：一是对农业部研究机构农业研究局等的直接投入，占农业部投入的51%；二是对各州的拨款投入，按法律方案，占农业部投入的30%，根据各州农村和农业人口占全国的农村和农业人口的比例获得相应经费，主要用于各州农业（包括畜牧业和林业）研究、学院的研究和推广以及合作推广体系的重点项目；三是竞争项目拨款，主要为国家研究计划和小型独立项目，占农业部投入的12%；四是特别项目拨款，占农业部投入的7%。

美国农业研究的经费来源有三个途径：联邦政府预算拨款、州政府预算拨款和私人企业自筹。

美国农业科技体系主体主要由联邦农业部科研机构、赠地大学的农业科研及推广机构和私人企业科研机构等三方而组成。值得一提的是，美国在工业方面的技术研究大部分由私人企业进行，惟独在农业技术方面有一半的研究工作是由政府资助的公共研究机构进行的，而另一半则由私人企业进行：

第一，联邦农业部研究机构。联邦农业部在全国设有8个农业科研中心，这8个科研中心又分别在全国不同生态区设有地区研究站，共105个。农业科研中心从事重大问题的研究，其研究内容各有侧重。如设在中北部的研究中心主要研究谷物和油料作物，东北部的研究中心主要研究动物油脂、奶品、肉和皮革，而南部的研究中心主要研究棉花和甘蔗，西部的研究中心主要研究水果、家禽和羊毛。地区研究站从事研究的问题比较专门和单一。例如，西部几个州从事灌溉和放牧的研究，其他地方从事动植物育种、病虫害防治、生态保持等研究。

第二，赠地大学的农业科研与推广机构。美国各州都依法建立了赠地大学，它是各州农业研究、教育和推广的综合机构。全美国现有67所赠地大学，每所赠地大学与所在州合作建立一所合作推广中心，与每个县合作建一个农业推广站（目前全美国有3000多个县农业推广站）。约有12000名科学家受聘于各赠地大学及相关的州农业试验站。

第三，私人企业科研机构。美国私人企业投入农业科研的力量很大。全国有数百家与农业有关的厂商从事研究工作。特别是大的种子公司、农业机械公司、农业化学公司和食品公司大都设有研究中心、实验室或试验站，主要从事技术开发、新产品试制方面的研究。这些私人企业对美国农业科技进步起着举足轻重的作用：首先，这些企业本身就具有很强的科研能力；其次，这些公司在商业利益的驱动下会自动大量吸收大学以及其他公共研究机构的研究成果，将其变成实用新产品。如杂交玉米的技术最早是在大学研究出来的，但培育杂交品种却是由种子公司完成的。这些企业拉动了农业科技的需求，大约社会上60%的农业科研成果被这些企业吸收并形成巨大的生产力。

3.美国农业科技推广体系

在世界各国中，美国对农业推广工作也一直比较重视。美国政府分别于1862年、1877年、1914年确定了3个法案，也即前面所说的《莫里尔法》(也叫赠地学院法)、《海奇法案》(又称哈奇试验站法案或农业试验站法案)、《史密斯－利弗法》(即农业推广法)，从而完善了农业推广制度，向农民传播并鼓励应用农业科技。至此，美国农业院校也确立了教育、科研和推广三结合的完整体系。这一体系的建立，不但对促进美国农业现代化起到重大作用，而且加速了农业教育的改革与发展。

农业科技的推广，包括农业科技知识的普及、先进科技成果的推广应用以及科技成果转让的途径等。美国的农业技术推广体系是一个立体结构，它主要由联邦农技推广局、各州农业技术推广站、县推广办公室和农学院四个层次组成，而且每个层次的农业技术推广机构都有适合其特点的组织结构模式。其中，州推广站在美国的农业技术推广体系中居核心地位，而其主体则是广泛分布在全国3150个县的农业技术推广室。它们既相互独立，各负其责，又密切联系，保持沟通，共同组成了覆盖200多万个农场的技术传送服务网络。

第一，联邦农业部的推广组织机构。这是美国农业推广体制的特色所在。农业推广体制下面分别为州农业推广组织机构、县农业推广组织机构。联邦农业部是农业推广的最高管理机构，负责全国性农业推广工作。部下专设农业推广局主管全国农业推广工作，局内分5个组，各负其责，协调工作。联邦农业技术推广局的主要职能是执行有关农业技术推广的法律和规章，并进行管理以保证合作推广体系高质量地服务于农业企业。

第二，州农业推广组织机构——美国各州州立农学院。国家法律规定，各州均应由州立大学农学院组成州农业推广中心或推广站在学院里与教学、科研处于同等重要的地位。农业推广服务中心的主要任务是：(1)综合有关各专业的发展成果，用通俗的语言写成小册子并发给县推广站；(2) 及时向县级推广站传播本大学及其他大学、国家最新的研究成果；(3)培养县级科研推广人员。

以州农业技术推广站为代表的州农业技术推广机构，是美国农业技术推广体系的主体，美国50个州和哥伦比亚特区、波多黎各、关岛以及维尔京群岛各设有一个州级农业技术推广站。州合作推广站归属于各州赠地大学农学院，州农业技术推广站的主要职能是帮助县推广办公室履行其职责，弥补那些县推广办不能做的事情，包括组织推广服务工作，选聘县农业技术推广人员及对他们进行培训和管理，制定州推广计划，评估推广工作业绩，分配推广资金，协调赠地大学和县推广办公室的工作，在需要时向县推广员提供技术和信息方面的帮助并给予指导。州合作推广站既是各州推广工作的组织者、管理者，又是各州农业技术推广计划的具体实施者。它上对各地大学农业学院和农业部推广局负责，下对州农场及公众负责，是美国合作推广体系的真正核心。

第三，县级农业推广组织机构。县级农业推广组织一般设立在县政府所在地，称为农业推广服务站。县级农业技术推广机构是农业技术推广合作体系的最基层组织，也是该体系与农场主直接相联系的结合点，正是它们制定具体推广计划并实施农业技术的推广教育工作。联邦推广机构和州推广站之所以存在，就是为了支持在县这一级向公众提供实用知识和技术信息。县级推广员受农学院领导，并以联邦农业部和州立农学院工作人员的身份，在全县范围内开展推广工作。目前，美国共有51个州立农业推广服务中心和3100个县级推广站，各县的推广员文化素质较高，最低是大学毕业生水平，很多是硕士或博士。据统计，目前美国专业推广人员中，70%以上都是在县一级开展工作。

第四，美国的大学农学院。美国的大学农学院都集教育、研究和农业技术推广于一体，内部都设有农业技术推广中心，下设多个专业办公室，有许多专职和兼职的研究及教学人员。大学农学院直接与若干农场保持联系，随时将自己或者收集到的最新科技成果提供给农场。一般来说，这些技术推广服务是有偿的，需要农场支付适当报酬。

## 第五节　农业管理和农业政策

现代美国政府对农业经济的干预和调节真正开始于 20 世纪 30 年代。二次大战期间和战后以来，这种干预和调节更加系统化了。现在，美国干预和调节农业经济主要包括调节农业生产、农业资源、科技进步、农业财政与信贷等生产要素和农产品销售等。

### 一、对农产品生产供给的调节和干预

在美国，农业是唯一没有形成垄断、高度竞争的经济部门。因此，农产品价格几乎完全由市场行情，即农产品的供求关系直接决定。这样一来就会导致农产品价格和农民收入不稳定，对农业及整个经济和社会带来不利影响。就美国国内情况而言，农产品需求随外界因素变化的幅度很小，因此，基于消除或缓解农产品供需之间的矛盾的需要，美国政府从 20 世纪 30 年代起即对农业经济进行干预和调节，主要是调节和控制农产品的生产供给。

在农产品生产供应的调节和干预方面，主要通过农产品计划、销售协议和规程、作物保险计划等来控制产量增长过快，

并通过各种农产品贮备计划来调节市场供应量，从而保持农业生产和价格的稳定。

1.农产品生产计划

政府每年均对主要农产品制订计划，限制产量，即根据上年库存相对下一年生产和国内外市场需求的预测，确定下一年对各种主要作物采取加强控制或放松控制的政策，并在下一年度前公布出来。而农场主则根据政府计划规定的各种补偿条件，自愿决定是否参与计划。现在，农产品计划一般包括下述几个方面的内容：

第一，贷款率(贷款水平或数额)和无追索权贷款。贷款率是政府按单位产品价格给参加农产品计划的农场主提供贷款的数额，使农场主把自己的产品保存到迟些时候出售。农场主要在收获后，拿自己的产品作抵押才能从农产品信贷公司获得为期10个月的短期贷款，以便等待有利的市场价格出售产品。如果在头5个月的市场价格高于贷款率加利息，则农场主可出售产品后再归还现金。如果同期该产品的市价低于贷款率，则农场主可把产品交给农产品信贷公司。法律规定，农产品信贷公司不能让农场主退回超过市价的那部分贷款，故称无追索权贷款。

第二，目标价格和差额补贴。所谓“目标价格”是以农业生产成本为基础，并使农场主获得一定的利润的价格。但是，只有市场价格低于“目标价格”时才有实际意义。因为当市场价格高于目标价格时不存在差额补贴问题。而当市场价格低于目标价格而高于贷款率时，农场主按市价出售产品，市价与目标价格的差额部分由政府补足。若市场价格低于目标价格和贷款率，则政府补足目标价格与贷款率之间的差额。

第三，削减播种面积计划。通过颁布相关法规法令，逐步削减播种面积以减少农产品的供给量。当然，在削减播种面积的地域，政府要给予当地农民一定的补助，以弥补由于减少播种面积而带来的减产减收。

第四，灾害补贴。这是联邦政府付给因自然灾害而不能播种或严重减产的主要农作物生产者的补贴。因干旱、洪涝及其他自然灾害而致使花生、大豆、甜菜、甘蔗不能播种的面积达到一定比例者，可获得未播灾害补贴。

2.农产品销售协议和规程

除主要农产品外，政府对其他农产品一般不予干预和调节，但对其中的个别产品在某些年份也列入计划。例如对于牛奶、水果和蔬菜这类容易腐烂变质的农产品，农业部则在一些地区实行“销售协议和规程”，但须得到 2/3 以上的生产者同意才能实施。其目的是调控农产品上市的时间、数量和质量，维护市场秩序、稳定供应和价格。这种销售协议和规程始于 20 世纪 20 年代，后来虽几经修改，但基本原则至今未变。

3.农产品储备计划

美国农产品储备计划始于 20 世纪 20 年代，30 年代后得以逐步完善和发展。其主要目的是调节农产品市场供应和稳定农产品价格。由政府资助和支持的农产品储备计划，可分为政府储备和农场主储备两种：

联邦农产品储备计划。这一计划是 1933 年根据总统命令成立的，首先由农产品信贷公司开始实施。进入 20 世纪 70 年代后，由于世界粮食减产和苏联大量进口粮食，才使美国粮食由过剩变为库存不足。这样一来，农产品储备计划不仅是价格支持的一种政策措施，而且成为应付国内外需求变化的一种手段，从而增加了实施这种计划的难度。从 20 世纪 70 年代中期起，美国一方面放松了对农业生产的控制，另一方面则进一步采取鼓励农场主储备产品的有关措施。

至于农场主农产品储备计划，则是从1929年颁布和实施农产品销售法开始的。政府向农场提供建造仓储设施的贷款，以增加农场的农产品储备设施，改变原先农场贮备条件差和贮存量不足的落后状况。

4.联邦作物保险计划

这是保证农场主，尤其是多灾地区农场主获得稳定收入的政策措施。早在1938年国家就通过了联邦作物保险法，并拨款一亿美元建立了联邦作物保险公司，提供全风险的作物保险。现在美国的作物保险计划主要有如下三种：一是全风险保险计划，即对遭受各种自然灾害影响而减产的作物提供保险；二是区域单产保险计划，即向单产接近的地区提供作物保险；三是气候作物保险计划，即对有某些特殊气候因素的地区提供保险，这类保险在气候条件对作物影响较大的地区比较发达。

5.联邦灾害援助计划

这是美国联邦政府向遭受各种自然灾害的农场主提供贷款、补贴等援助的计划。此计划始于1918年，以后得到了逐步增加完善。目前这方面的计划主要有：

第一，灾害紧急贷款计划。若生产因自然灾害受损失达30%或更高，农场主可从政府那里获得实际损失额80%的贷款，利率较低。

第二，经济紧急贷款计划。根据1978年95–334号公法的规定，农场主家庭管理局给处于“经济困境”而又无处借贷的农场主提供贷款。

第三，牲畜饲料计划。据1977年的修正案，当禽畜生产者因灾害而得不到相应饲料供应时，农业部可向他们提供购买饲料成本50%的补贴。

第四，灾害补贴计划。据有关法律规定这种补贴只发给参加耕地面积缩减计划和作物保险计划的谷物和棉花遭灾的生产者，以促进农场主参加联邦作物保险计划。

## 二、对农业生产要素的干预和调节

美国政府干预和调节的农业生产要素主要包括农业自然资源的利用与保护，农业教育和科技进步以及农业财政信贷等几个方面。

1.对农业自然资源的保护

在历史上，由于美国存在着大量待开发的农业资源，因此拓荒者进行了掠夺式的开发，同时农场主不愿意也似乎没有必要去花费大量的投资来保护农业资源，这样一来致使美国的农业资源遭受了严重的破坏。二战后，不仅工业等非农部门使农业资源污染日趋严重，而且随着农业现代化（特别是农业化学化）的进一步发展，也使水土等资源深受影响。因此，战后美国保护土地资源主要目标是，控制和减少水土流失，增强土地肥力，保护生态环境并控制农业生产的过分增长。为此而进行的国家干预和调节有两个方面：一是国家通过一系列的法律和政策措施，制定和实施了各种保护水土资源的计划；二是推广应用各种先进的科学技术防止水土资源遭到污染。

保护水资源是农业自然资源保护的一个重要方面。水资源的主要问题有两个：一是因浪费严重而造成地面水供应不足和地下水使用过度；二是水质污染日趋严重。两相比较，后者更为严重。针对这些问题，美国政府主要采取下述对策。第一，美国政府和有关部门已经提出各种节水的方案和措施，如加强保护水资源的立法和管理，提高用水价格，以便达到节约用水，从而解决当前和今后的缺水问题。第二，研究和推广各种节水的先进技术。第三，通过水质立法和设立环保署，加强水质保护，控制水质污染。美国相继通过了一系列保护水质的立法。此外，通过环境保护立法和环保署的管理，还对非农业的污染问题作了规定。根据《2002年农业法》，美国计划在2002~2007年再投资220亿美元用于农业资源保育计划项目，主要包括土地休耕计划、农田水土保持、湿地保护、草地保育、农田与牧场环境激励项目等。

2.农业教育和科技进步

美国早已形成了农业教育、科研和科技推广三位一体的体系。在美国历史上，政府专门划拨一部分公有土地用于兴办教育，除了基础教育（中小学)外，各州均有高等农业院校或在大学里设有农业科系。值得注意的是，美国不仅有正规的农业院校或科系，而且各地还办有成人教育的“社区学院”，以培训和提高农业劳动者文化科技素质。美国已实行了中小学的义务教育，“社区学院”的经费主要是各级政府提供的。农业院校除了承担教学任务外，还承担科研和技术推广任务。国家出资兴办了四大农业研究中心及其下属的各研究机构以及农业科技推广站。农业院校和各专业研究机构均有责任到农业技术推广站去，在国家举办的培训班中向农民传授各种先进技术，而农民则可免费获得这些先进技术。这样，既有利于农业先进科技成果的迅速推广应用，又能促进农业专业的教授和科技研究工作者在实践中发现问题，从而促进农业科技研究的进一步完善。

3.农业税收

美国农业始终是政府重点保护和扶持的产业。美国农业之所以能够快速稳定发展，重要原因之一是政府实施保护性的农业税收政策。农业税收不但不是美国政府的主要收入来源之一，相反，用于农业的开支却是美国财政开支的重要组成部分。

第一，农业税费种类少。除政府按照国家统一的所得税及其他税法向所有纳税者普遍征收的税费外，农民基本上没有其他必须缴纳的费用。美国政府对农业所收的税种包括所得税、就业税和地产赠与税，其中最主要的是所得税。实际上这也不是专门针对农民的，而是针对所有纳税者的。

第二，联邦农业税额有限。在历史上，美国主要靠出售土地获得收入，因而农业税负很轻。二战后，美国农业税收增加较快，但至今数额也很有限。不但农业的税种少，而且税收总额也很低。近年来，美国以经营农场为生的农民每年所缴的税款约 200 多亿美元，这与美国政府每年征收的约 1 万亿美元的个人所得税总额相比，可以说是微不足道。其他两种税收额加起来也就 30 亿美元左右。因此，税种少、针对性强和按收入纳税是美国农业税最主要的特点。

第三，农业所得税中的优惠。其一，按照现金记账法所得的优惠。在美国，纳税一般采用权责发生制来计算，即出售产品收入扣除成本后的纯利润要纳税，而未出售的产品则不能从已出售产品收入中扣除。但在农业中通常无法精确计算库存产品数量和成本，只能粗略估计，加之早年大多数农场主的收入均达不到纳所得税的起征点，所以联邦政府规定农业采用现金账法，即要求农场主报告出售产品收到的款项，而费用支出后即列入成本加以扣除。这样一来，农场主可把提前购买明年使用的农药、化肥、种子一类生产资料列入成本，以减少当年应该纳税的收入数额，从而减少应缴的税款。其二，资本开支扣除法的优惠。按“资本开支”扣除法规定，非农部门通常是分年扣除折旧的，但农业的“资本开支”则可在当年收入中一次扣除。此外，按税法的有关规定，农业中用于水和土壤保护的开支可从任何一年的应纳税收入中扣除，而土地开垦费用及石灰、肥料等也可在一年应纳收入中扣除。其三，美国农业税收政策的重要目的之一，就是保护中小农场。美国按年销售额界定农场规模，25万美元以下者均属小型农场。按此标准，美国农场总数的94%均属小型农场。其中年销售额在10万美元以下的属于资源有限农场，经营者不用缴纳所得税。据统计，在美国以专门经营农场为生的农场主中，近年来每年约有1/4的农场主由于其农场为资源有限农场而免缴所得税，只需按最低税率即15%交税的农场主约占一半，需要按较高税率纳税的农场主总共只有5%多一点，而税收总额的一半左右是由这部分人缴纳的。

此外，美国农业税法中还设置了很多不同种类的税务优惠项目。美国不但没有专门针对农业的税种，而且还为农业生产及农业投资等提供许多税收优惠。这些措施包括：延期纳税，即农民当年的收成如果没有全部卖出，所存部分可以等到下年再纳税；减税，即用于购买机器设备、建设生产用房等的开支可以从当年销售收入中扣除，而减免部分税收。总之，美国政府尽可能地减少农民税收负担以支持农业生产的发展和增加农民的收入。

4.农业信贷支持

国家干预和调节农业信贷是美国政府干预和调节农业经济又一重要方面。在美国，农业信贷体系是20世纪30年代开始形成的，其组织结构、职能等通过一系列调整，最终形成了目前的农业信贷体系。现将其主要内容和特点概述如下。

第一,成熟的农业信贷机构。农业信贷系统完全由用户(农民和他们的合作社)所有和控制,包括联邦土地银行及地方的联邦土地银行协会(向农场提供不动产抵押贷款)、联邦中间信贷银行(向农场提供中、短期贷款)、生产信贷公司及由它们组织的地方生产协会(向农场提供生产贷款,在业务上与中间信贷银行联系十分紧密)和合作社银行(向农业合作社提供贷款)。农业信贷系统提供给农民所用信贷的30%左右,提供给农民合作社所用信贷的60%左右。其他农业信贷机构有:(1)农业信贷署,农业信贷署是一个独立政治机构。它监督合作社的农业信贷系统,后者通过向投资者出售证券而获得贷款基金。(2)农业部农家信贷管理局。美国农业部农家信贷管理局有权对于任何的确能增强小城镇、农村地区经济力量或改善小城镇及农村地区环境的计划发放贷款。创建这一机构是为了发放其他贷款机构认为风险较大而不愿发放的贷款来帮助农民。

第二,联邦政府提供的保证贷款。联邦政府提供有保证的贷款,即在贷款不能如期归还时,联邦政府允许支付由私人信贷机构所提供的贷款本息。这种有保证的贷款的利率较低,取得贷款的条件较为有利,因而通常发放给政府认为急需发展而风险又较大的部门,而农业部门就经常获得政府发放的此类贷款。

第三,联邦政府的直接贷款。这是联邦信贷机构为某种特殊用途而提供的贷款。一般说来,这种贷款利率低,偿还期长,对于获贷者有利。农业是获得联邦政府直接信贷最多的经济部门。农业所得到政府直接贷款的主要来源有三:一是农产品信贷公司的贷款;二是农场主家庭管理局的贷款,其中又分为三大类,即农场主贷款计划(包括紧急灾害贷款、经济紧急贷款、农场所有权贷款计划、农场经营贷款计划、土壤和水利贷款计划、娱乐贷款计划、灌溉和土壤保护贷款计划、印第安人土地贷款计划、经济社会个人贷款计划和紧急牲畜贷款计划等)、农村住房贷款计划(含农村住房贷款计划、农业工人住房贷款计划、农村出租住房贷款计划、农村宅墓和自助开发贷款计划等)和农村社区贷款计划(包括水和废物处理贷款计划、商业和工业发展贷款计划、农村社区设施开发贷款计划以及资源保护和开发等的贷款计划，等等）；三是小企业局的贷款计划。小企业局是1953年创建的一个独立政府机构，其主要职责是向那些不能从私人信贷机构获得贷款的小企业提供贷款。年收入100万美元以下的农场主在农场主管理局不能满足其贷款要求的，才能取得小企业局的贷款。总体说来，政府机构在农场不动产债务中占优势，而私人信贷机构在除不动产债务之外的其他债务中占优势。因此，政府在农业信贷方面的干预和调节的作用显然是不能低估的。

## 三、对农产品销售的干预和调节

得天独厚的农业自然资源和不断进步的农业科技，使美国农产品长期处于过剩状态。美国农产品销售市场一般有两个：即国内市场和国外市场。政府对这两个农产品市场均进行干预和调节，以扩大销售。

1.国内农产品销售市场

美国食品过剩和饥饿现象长期并存。除减少农产品生产等措施来减轻市场供应“过剩”的压力外，还实行食品分配计划，如向低收入家庭和穷人发放救济食品计划，包括分配政府采购的一些剩余农产品、发食品券以及在校学生午餐计划等，这样既减少政府剩余农产品的储存，又缓和人民群众强烈不满的情绪。具体包括：第一，食品券计划。据1977年粮食和农业法的规定，从1979年起凡低于一定收入水平的家庭可全部免费获食品券。第二，联邦儿童营养计划。其中以在校学生午餐计划为时间最长、规模最大。随着放宽了在校生午餐免费和减价的条件，享受午餐免费和减价的学生增加颇多，政府为此拨款的数额也显著增加了。第三，食品分配计划。现在，食物赠与除用于学校的早、午餐计划外，还通过慈善机构、老年人营养计划和紧急食品援助等来实施。

另外，美国政府还通过向农民提供销售贷款差额补贴、反周期波动补贴来保证农民的收入。

第一，销售贷款差额补贴是政府保证农民顺利销售农产品的最低保护价，即政府预定一个农产品的销售价格，并以此价格贷款给农民，农民收获后如能在市场卖到这个价格，政府就不给予补贴。如农民卖的价格低于此预定价格，二者之差就是政府给予农民的补贴。《2002年农业法》将花生、羊毛、蜂蜜、杂豆等品种纳入了销售贷款差额补贴范围。

第二，反周期波动补贴是《2002年农业法》新设计的一种补贴制度，即农民在收获后的10月份可得到上限为35%的计划支付，待第二年2月份可再得35%的支付，到12个月的市场运销结束后结账。当农产品的实际有效价格低于政府确定的目标价格时，政府向农民提供反周期补贴。该补贴与市场价格成反向运动，当农产品价格下跌时补贴增加，反之则减少。反周期波动补贴保证了农民的收入水平，也意味着政府为农民分担了生产风险，刺激农产品出口。《2002年农业法》将大豆、其他小品种油菜籽、花生纳入了反周期波动补贴的范围。

2.农产品国外市场

虽然政府采取了各种政策措施扩大国内市场的消费，但农产品消费量变化的幅度毕竟是有限的。所以，更重要的是国家通过立法和各种改革措施，竭力扩大农产品的国外市场，增加农产品出口，以解决农业产销之间的矛盾。在历史上，美国农产品进出口贸易由民间企业经营，政府很少干预。美国政府全面干预农产品贸易是从罗斯福“新政”开始的，其基本目标是扩大出口控制进口，这一点一直延续至今。美国政府全面干预农产品贸易的政策主要有：

第一，制定了一系列干预农产品贸易的法律。如1954年通过的《农产品贸易发展和援助法》,其主要内容有三：一是“外币销售”，即授权总统允许“友好国家”用本国（地区）不可兑换的货币购买美国的剩余农产品，并将销售农产品所得的货币用于开发美国农产品市场以及军事、政治、经济、文化等方面计划之用；二是“饥荒救济和其他援助”，即授权总统以农产品信贷公司的食品直接援助“友好国家”和人民；三是扩大用农产品信贷公司剩余产品向国内外的救济计划提供赠与，并扩大用这种剩余产品交换战略物资的授权。后来几经修改，但处理剩余农产品这一基本目标始终未变。

第二，制订和实施促进农产品出口的推销计划。其主要内容概述如下：其一，降低农产品出口价格。这主要是通过出口补贴、赠与和降低贷款率等政策措施来争夺世界农产品的世界市场。出口补贴是政府出钱支持私人农产品进入世界市场的重要手段。根据《2002年农业法》，美国计划在2002 至2007年，投资8.75亿美元用于提高美国农产品出口的市场机会和拓宽国际市场；每年投资4.78亿美元用于援助那些因国外有关农产品实施出口补贴而受到损失的美国出口商。每年对新增生物技术项目投资600万美元，用于商签双边动植物和转基因议定书及快速对付非关税措施对出口造成的影响。此外，美国农业部还将向美国出口商免费提供国际农产品综合信息服务。

除直接的出口补贴外，美国还实施了规避出口补贴的间接出口补贴，即出口信贷。美国每年提供的额度约为30亿美元。依据《2002年农业法》，美国在2002~2007年将继续提供出口信贷，以促进加工品和高价值的农产品出口，同时将还款期由180天延长为360天。其二，向外国（或地区）赠与农产品。按有关规定，联邦政府有权把农产品信贷公司或私人库存的农产品直接赠与外国政府，也可通过国际组织或美国的慈善机构转赠。其三，通过降低国内贷款率来降低国内农产品价格，刺激农产品的出口。贷款率降低后，政府即向农场主支付差额补贴以弥补降低支持价所造成的损失，且减少付给出口商的补贴，因为国内市场价格和出口价格之间的差距缩小了。

第三，实施扩大农产品出口需求的措施。其主要内容是通过向进口国提供财政信贷援助或给本国农场主和出口商提供开拓国外市场的帮助，以扩大国外对美国农产品的需求。

首先，向受援国提供长期优惠贷款。根据有关规定，受援国可用当地不可兑换的货币购买美国剩余农产品，贷款存在美国的外币账户上，且可从这种账上提供促进该国经济发展为期3~10年的贷款。

其次，提供农产品出口的短期商业信贷。一是向国外进口商提供出口银行信贷和保证；二是农产品信贷公司可按出口销售计划，直接提供农产品商业性出口的短期信贷；三是农产品信贷公司为出口商提供转移交易风险的信贷保证，这种贷款数额较大，期限较长，利率较低，有利于促进农产品出口；四是混合信贷，即同时使用上述第二、三种信贷保证计划的贷款。

再次，以货易货计划。这是指农产品信贷公司根据有关法律的授权，用自己库存的剩余农产品同国外交换战略物质。这样可以一举两得，既可以推销剩余农产品，又可以获得急需的战略物资。

最后，中期信贷投资计划和开发国外市场计划。中期信贷投资计划是指向发展中国家提供中期信贷，用于促进当地经济发展的项目，以带动美国剩余农产品的出口。开发国外市场计划是美国同国外合作，以建立、发展、维持和扩大美国农产品出口的长期商业市场。内容和形式颇多，涉及技术、市场调研、报告会、商标、推销及设立办事机构等，但目标只有一个，就是开发美国的农产品市场。

第四，积极策划和参与多边或双边农产品贸易谈判，并签订相关的贸易协定，以扩大农产品出口的机会。这是美国干预和调节农业经济的又一个重要方面。美、英等发达国家几经谈判，于1947年签订了《关税及贸易总协定》，其目的是通过谈判来降低关税，拆除贸易壁垒，实现贸易自由化，扩大和发展国际贸易。在八次重大的贸易谈判中，与农产品贸易关系重大的有四次。分别是1960~1961年的“狄龙回合”、1963~1967年的“肯尼迪回合”、1973~1979年的“东京回合”（在这一回合中，在降低关税和取消非关税贸易壁垒方面不同程度地取得了某些进展）和1986~1994年的“乌拉圭回合”（在这一回合中，经过艰苦的讨价还价，达成了协议，成立新的世界贸易组织取代“关税及贸易总协定”）。在农产品贸易方面，美、欧、日等各方面都作了一定的让步，美国同意逐步取消大部分出口补贴，欧盟同意逐步减少补贴和降低关税，日本、韩国也同意逐步放开大米市场等。此外，美国政府还与农产品进口国进行双边谈判，达成为进口国提供进口保证和为出口国提供稳定市场保证的协议。

第五，农产品贸易保护主义的政策措施。作为世界上最大的农产品出口国，美国必须开放国内市场，以便其农产品顺利进入他国市场。同时，美国也采取了一些农产品贸易的保护主义政策措施，主要是非关税的贸易壁垒，以便实施其农业计划，保护本国农场主的利益。当一些农产品进口量增加较快时，美国政府即可实行进口限额制度，此外，美国有关的法规明确规定，进口的农产品必须符合安全、卫生和检疫的标准。否则，就被禁止进口。

总之，美国政府对农业经济生活的干预和调节涉及了农业产前、产中和产后的各个方面,因而也对整个社会农业经济系统的活动产生了重要的影响和作用。

## 第六节　农业保险制度

美国农业保险具有比较健全的不断完善的法律、法规指导体系,政策重点主要集中在农作物保险上，由联邦农作物保险公司负责指导提供农作物全险（多风险）的直接保险和再保险。

### 一、组织机构

联邦农作物保险的运作分为三个层次：第一层次为联邦农作物保险公司即风险管理局，负责全国农作物保险的政策制定、经营和管理以及组织各项计划的实施；第二层次为有经营农险资格的私营保险公司，这些公司大都是有实力、信誉好、管理和技术力量比较强的公司，他们承担了农作物保险的全部直接业务；第三层次为保险代理人和农险查勘核损人，很多代理人可为多家保险公司代理业务，农险查勘核损人承担农险查勘核损工作。

联邦农作物保险公司的资金主要来自三个方面：一是联邦政府提供的资本，二是保险费经营收入，三是政府直接拨款用于补贴公司各项行政费用、代理人及经纪人佣金、国库券利息、保费补贴、损失查勘及其他费用等。此外，联邦农作物保险公司在资金不足以支付生产者的损失赔款时，可以向农业部申请用商品信用公司的资金及时予以赔偿。当可用资金仍不足时，经财政部批准可以发行财政债券或其他债券，取得资金。这些债券必须以保费收入或增资发行新股的资金来购回。

## 二、农业保险制度的主要险种

美国的农业保险主要包括以下四大类：

第一，全险农作物保险。这是美国农作物保险开展历史最长、投保最广泛的险种，又分为巨灾保险和扩大保障保险。巨灾保险是提供最低基本保障的一个险种。扩大保障保险是在巨灾保险的基础上开展的一种保险。最高投保产量可达到平均产量的85%，投保价格为风险管理局公布的市场预测价格的100%。

第二，区域风险保险。这是专门为大麦、玉米、棉花、花生、小麦、饲料等8种作物设立的。它以一个县的平均产量为基准担保产量，当全县的产量水平低于全县预期产量的某一比例时(如65%~90%)，投保户才可以得到赔付。

第三，农作物收入保险。美国于1996年才开始试办此类险种。这是以农场的收入作为承保和赔偿的依据，主要包括农场总收入保险、收益保证保险、收入保护保险、团体收益保险、作物收益保险等。

第四，纯商业险种，如火灾或冰雹险。这是美国农业保险的特例。在美国保险中大的险种一般都是由政府支持的，但是冰雹险却是一个完全由私营保险公司开展的纯商业险种，且已具有一百多年的历史。另外美国法律还规定凡投保全险农作物保险的农民，可以另购买火灾险或冰雹险，但农作物保险的保额和保费要相应降低。

## 三、美国政府的农业保险政策

第一，制定并不断完善法律。1938年颁布的《联邦农作物保险法》，对开展农作物保险的目的，农作物保险的性质、开展办法、经办机构等都做了规定，为联邦政府农作物保险业务的开展提供了法律依据。政府还不断地对《联邦农作物保险法》进行修订并及时制定相关法律。

第二，资金支持。目前美国政府对农作物保险的资金支持大致包括以下几个方面：一是保费补贴，各险种的补贴比例不同。二是业务费用补贴，就是向承办政府农作物保险的私营保险公司提供20%~25%的业务费用(包括定损费)补贴。另外，政府还承担联邦农作物保险公司的各项费用，以及农作物保险推广和教育费。

第三，再保险支持。政府通过联邦农作物保险公司，向私营保险公司提供比例再保险和超额损失再保险保障。

第四，免税。《联邦农作物保险法》明确规定，联邦政府、州政府及其他地方政府对农作物保险免征一切税赋。

第五，补贴。联邦政府还通过其他法律规定，鼓励各州政府根据自身的财力状况，向农作物保险提供补贴，以进一步减轻农民的保费负担，提高农作物保险的吸引力。

# 第四章　法国农业经营与管理

法国位于欧洲大陆的西部，面积55万平方公里，人口6000多万。法国是欧洲第一农业大国，同时，也是仅次于美国的世界第二大农业产品出口国。目前，法国拥有可耕土地2800万公顷、占领土面积的55%左右。农业面积占欧盟农业总面积的23%左右。2003年，农产品总值为650亿欧元，占欧盟的23%，农业以市场价格计算的农产品附加值占农产品总值的50%左右，即320亿欧元。

法国的农业也经历了一个从弱到强的发展过程。从1945~1960年，法国粮食短缺，实行配给制。为解决温饱问题，20世纪60年代，法国大力推进技术进步并调整产业结构，粮食产量大幅度提高，60年代末质量成为法国农业政策调整的主要指标。从90年代起，法国农业走上了可持续发展之路。20世纪初，法国一个农民仅能养活2.5人，80年代能养活30个人，90的代起即可养活40个人。法国共有68万个农业生产单位（农场等），每个生产单位平均雇佣两名专职人员，耕地约40公顷土地。1950年以来，主要农作物单位增加了3倍，如小麦，1950年每公顷平均为2270公斤，1994年为6670公斤，1998年为7740公斤，2000年为6423公斤，单产的增长显示了技术进步，也使食品出口成为法国一张王牌。据法国农业部统计的数字，1998年农业和食品出口总额为2370亿法郎（美国约3100亿法郎），2003年法国农业和食品进出口贸易的盈余达到2.6亿欧元。

1999年，法国议会通过了政府提出的农业指导法，确定法国进入多协能农业时代。6000多万人口中农业人口只占人口总量的1%，从事农业生产的劳动力只占劳动力总量的2%。2000年，农业提供的就业量相当于不到100万完全就业人口，这涉及到115万个家庭就业人口，16.4万个常年雇员和大量的季节性雇员。总计起来，农业就业人口占法国就业人口总量的4.1%，接近欧盟平均水平的4.2%，其中3%为农业食品行业的就业人员。2003年，法国农业占国民生产总值的3.4%，农产品总值为650亿欧元。法国主要生产小麦、甜菜、油菜及乳制品，其农作物产量占整个欧洲的20%以上，不仅能满足全国的需要，还能大量出口。如果不是受到欧盟农产品的配额限制和市场供过于求的影响，其生产能力远大于目前的生产水平。

## 第一节　农业现代化生产经营

法国农业现代化过程，是农业生产技术现代化和农业结构现代化相互配合的发展过程。这里所说的农业结构现代化，主要包括农业生产结构的现代化、农业经营的专业化和农工商一体化。它是由农业生产技术现代化引起，反过来又成为推动农业生产技术现代化的重大因素。

### 一、农业生产结构的现代化

以畜牧业为主，农林牧并举，三者紧密结合，是现代法国农业生产结构的基本特征。在历史上，法国的传统农业也是以种植业，尤其是以谷物生产为主。19世纪末以来，受世界农业危机的侵袭，逐步转向畜牧业。1937~1939年间，农业总产值中畜牧业已占 47.5%，种植业占 52.5%。战后，随着谷物业的发展，从进口谷物转变为有大量出口的情况下，畜牧业得到更健康的迅速发展。近年来，世界粮食的短缺使价格上升，畜牧业比重才略有下降。

法国农业生产结构的特点，不仅表现在农牧业都很发达，而且在畜牧业和种植业内部都得到较全面的发展。这种比较全面发展的结构，不仅为国民经济提供了发达的基础，而且反映了对农业资源比较合理而充分的利用。农业的全面发展还表现在土地利用结构的变化。19 世纪，法国以种植业为主的时候，曾经出现毁林开荒、开垦草地，引起了水土流失、水灾严重等问题。随着农业向农林牧并重方向发展，大量的耕地转还给林业和草场，耕地面积逐渐下降使农业生态系统日益得到改善。特别在山区和丘陵，出于采取了农林牧结合的措施，加大了森林和牧草的覆盖面积，既保持了水土，又调节了气候，对保护环境，保证农业生产的稳定发展，都起着重要的作用。

## 二、农业经营专业化

法国农业的全面发展，不是建立在“小而全”布局的基础上，而是依赖于农业经营专业化。农业经营专业化可以分为地区专业化、农场专业化和工艺专业化三个方面。

地区专业化。法国地区专业化，是在传统的基础上，随着技术革命和生产结构变化而形成的。例如地中海地区的葡萄种植业，已有相当悠久的历史。巴黎地区是法国最主要的农业区，那里的软粒小麦产量约占全国产量的 1/3，单产约比全国平均高出一倍，成为全国主要的产麦区。20 世纪 50 年代，由美国引进的玉米也迅速在巴黎地区推广，使这个地区又成了农牧结合的经济区。近些年，出于混合饲料工业的发展，动物开始转入室内饲养，因此，位于大消费中心巴黎地区的室内饲养业迅速发展，不仅节约了牧场，而且也减少了过去由边远的西北区和山区牧场饲养的运输费用。罗纳阿尔卑斯地区是大宗水果产区，该地区几乎到处都是水果树。在奶制品方面，布列塔尼、诺曼底地区的产量占全国22个地区总产量的43.3%，在猪肉制品中，巴黎地区、布列塔尼和阿尔卑斯三个地区的销售额占全国销售总额的53.2%。蔬菜罐头方面，皮卡尔迪、布列塔尼和北部等三个地区的产量占全国产量的80.5%。阿尔萨斯和北部两个地区的啤酒产量，占全国的58%。法国北部地区三个省最适合种甜菜，甜菜的生产就集中在那里，并以每17公里作为半径办一个糖厂。附近农民收下的甜菜就可以用联合收割机直接运送到糖厂加工。原来法国是糖的进口国，现在变成了糖的出口国，每年出口食糖达二百多万吨。农业地区专业化是根据最有利的自然条件、传统的种植经验和地区的经济特点形成的。因此容易做到单产高、劳动效率高、费用省。同时由于生产专业化，科学研究、农业教育以及领导部门的中心任务等，都可以围绕该地区的主要农业生产项目开展工作，这就必然会更有利于推动本地区农业生产的持续发展。

农场专业化。现代化农业要求生产专业化，而生产专业化又能促进使用现代化技术设备，大幅度提高劳动生产率，降低生产费用，增强市场竞争能力，因此法国经营一种或两、三种产品的农场已逐渐增多。而且，随着农业生产的日益社会化，社会分工越来越细，现在高度商业性农场不仅只生产一个大类产品，而且越来越多的农场专门集中生产一种产品的一个品种。例如黄瓜种植业中，有的农场专门生产供鲜食的黄瓜，有的专门生产供腌渍的黄瓜。又如在饲养肉用牛的农场里，农场主自己饮用的牛奶也宁可向市场购买，而不愿自己养几头乳牛。农场专业化可以使农场的经营格外有利。

工艺专业化。随着社会分工和商品生产的高度发展，许多原来属于农业本身的作业项目，已日益改由农场以外的企业来做了。例如种植业的农民就只管田间种植，至于育种、选种等有关种子处理的工作就都改由专业化的种子公司负责，在播种时由他们把良种直接运送到农场，按预定的规格播到田里，直到出苗为止。化肥、农药等生产资料的供应和使用，也都由有关的专业公司承担。收获时则由粮食贮运公司把谷物直接从田间运走，并进行干燥、加工、储藏直至销售。畜牧业也同样如此：例如养鸡场只管鸡的喂养，至于鸡的孵化、种鸡的培育，直至屠宰、运输和饲料供应，鸡舍设备安装等，都由专业公司负责。

农业地区专业化的形成，充分说明了自然因素对于农业生产的重要性。当然，农业地区专业化的发展，也离不开交通运输事业以及大城市工业区的形成和发展。另外，农场专业化和工艺专业化的发展，与科学技术的发展更是紧密相结合的。因为日新月异的科学技术在农业生产上的应用，客观上就要求集中经营力量，扩大经营规模，以提高技术设备的利用率并取得更大的经济效果。此外，现代科学技术还要求熟练操作人员与管理人才，一个农场主不可能同时掌握多种经营的专门技术和管理知识。因此，只有在生产上实现专业化，农场主才能采用先进的科学技术。由此可见，农业经营的专业化无论从自然条件还是从经济条件和技术发展的要求来看，都是十分必要的。

### 三、农工商一体化

农业专业化与农工商一体化是法国农业现代化生产组织结构的基本内容。所谓一体化，就是在专业化的基础上进行相互间的协调与配合。具体地说，就是在农业生产过程中做到产、供、销三方面业务的有机配合。“产”指的是农业生产本身。“供”就是指各项生产资料如种子、仔畜、饲料、农药、机器、设备等的供应，还包括技术和经营管理方面的指导。“销”指的是农产品的运输、加工、储藏和销售等。这三方面结合起来统一经营，不仅可以做到相互协调，提高工作效率，而且还有利于相互促进，增加企业盈利。因此，现代化的法国农业，逐渐发展到与工业和商业结合在一起，成为“农工商综合体”中的一个组成部分。

在“农工商综合体”中，许多家庭农场通过合同关系，向规模较大的工商企业出售农畜产品，并由这些企业向农场提供农业生产资料和各种服务。在这种情况下，农场生产农畜产品的数量、质量、价格等就都处于工商企业的控制之下。另一方面，通过合同关系，工商企业不仅保证了一体化农场的产品销路和收入，而且还及时地向它们提供先进的生产工具和必需的生产资料，帮助它们提高生产技术和经营管理水平，从而使一体化的农场获得更高的生产效率，而农业的发展，又反过来促进一体化组织中工商企业的发展。

从法国农工商一体化的组织形式和类型来看，大致可以分为以下四种：

1.农业公司

它是由国有或私有的工业、商业和金融资本直接开办的，是近年来新出现的工厂或大型专业化的农业生产单位，如养鸡工厂、养猪工厂等。这种农业公司从事大规模的农业生产，将农业生产同农产品加工、销售、储运及机器设备等生产资料的供应结合在一起，形成一个产供销相当完整的体系。例如控股公司，它是由工业、商业、金融和农业企业互相控制股份的投资形式组成的联合企业。这种形式在法国比在其他国家更为流行。如法国国有矿化公司所组织的综合体，共有工矿企业、商业运输公司、银行等五十多家企业及四百多个农业合作社。它的经营范围从农产品生产、加工、采购、储运、销售、出口，直到矿山、化肥、农药、机器制造及科研服务机构等。

2.以合同形式组成的综合体

这是目前发达国家农工商业一体化最普遍的形式。垄断财团通过签订合同的形式把千百个农场变成自己的生产车间，加以操纵和监督，而自己可以不必冒农业生产和农产品经营的风险。国家为了加强综合体内部的计划性，保证原料的来源和产品的销售，千方百计地通过合同把各个农场联结起来，这在食品业中尤为盛行。

3.合作社

早在 19 世纪中叶，法国就出现了供销合作社和信用合作社。这在一定意义上保护了生产者的利益，排除了中间商人和高利贷者的剥削。但现在的合作社已是现代化农业的一种联合经营组织形式了。法国十几年来以合作社的形式把中小农场主的生产活动纳入“农工商综合体”的方式，而且越来越流行。近年来，合作社的种类越来越多，分工越来越细。

第一，农业合作社。它是农业的互助合作组织，主要有两种形式：首先，农业生产者共同经营组合，一般由 2~10 个农户组成，成员多由父子或其亲属组成。其次，共同使用农具合作社，这类合作社主要是为了各类大型农具得到合理利用，以促进农业机械化，降低生产成本。此类合作社，农机具集资购买，共同使用，民主选举理事会负责管理。它具有以下优越性：经济合理地利用农机具，可以减少单位产品的成本，减轻债务负担和银行贷款，降低固定资本的比例；可以由专人管理农机，其他农户有较多的时间专门从事农业生产和照料牲畜，提高效益；有利于改进技术，有较强的实力更新机器设备。

第二，农业信贷合作社。它是一种互助合作性质的半官方农业信贷机构，分为3级：第一级是基层组织为农业信贷或农业信贷合作社；第二级是省(地区)农业信贷(合作)银行；第三级是全国农业信贷银行，是受农业部和经济财政部双重领导的公共机构。农业信贷银行的主要活动有：通过遍布全国的分支机构吸收存款，发行长期债券，对会员发放农业生产和购销低息长期贷款，向非农业的乡村提供住房建设，并对地方公共事业提供贷款。

第三，农产品加工合作社。努力发展农产品加工业，使农产品及时转化为商品是法国促进农业发展的一个重要政策。农产品加工业的布局多分布在原料产地的中小城镇，不受行政区划和部门的限制。在经营方面，以合作社经营为主，与原料生产相结合，既可以节省运力，又可增加收入。

第四，农业销售合作社。其特点是既经营销售所属社员的产品，又经营从批发市场购入的产品，有运输、加工、包装、储存等先进设备，足以提高竞争能力，直接向国内和欧洲经济共同体国家经销。

法国的合作社没有固定的模式，而是根据农民需要自愿组织起来的。这种合作经济之所以经久不衰，其主要原因：一是政府重视和支持。法国历届政府都注意通过合作社与农民对话，依靠合作社的力量推行其政策，协调、缓冲政府同农民的矛盾。二是由于各类合作社都是农民根据实际需要集资组织起来的，所以合作社的服务十分周到，农民对合作社也很信任。合作社领导人完全由民主选举产生。经营盈余，除向国家纳税外，由社员代表大会决定分配。三是各类合作社组织严密、稳定。四是合作社充分起着载体和桥梁的作用。合作社收购和加工大量中小农户的产品，组织生产、加工、销售，使生产和市场建立联系。另外，合作社的经营是根据市场制订生产方针，用合同形式把国家和组织的生产联系在一起，合作社在国家和农业生产者之间形成载体，发挥了桥梁作用。

## 第二节　农业的信息化

### 一、农业信息化的特点

信息化是现代农业产业化的一个重要标志和支持条件，法国经过十年来的培育，农业产业信息化事业已进入了一个迅速发展的阶段，在农业信息化体系及其效用方面表现出以下几个特点：

1.建立统一协调并避免行政干预的农业信息统计系统

在法国，农业信息统计是一个独立的系统，各地方和部门的统计机构均属中央的派出机构，由国家经济统计研究中心垂直领导。此外，设有专门的直辖市会议制度，讨论统计调查计划、方法、预算和评价数据结果，既避免重复统计，也提高了统计信息资源的客观真实性。

2.客观反映现代农业产业化发展的统计信息内容

法国农业统计收集的信息内容全面，主要包括国土、森林等资源的农业地理结构，农业用地和非农业用地情况，农场结构及变化，专业生产情况，产品产量、生产成本情况，国内贸易及市场价格，进出口商品情况等等。最后生成统计信息产品，纳入国家统计账户。在法国，农业市场经济信息尤其得到重视，从 1963 年起，法国农渔部生产和贸易司的市场信息处每天都发表有关水果、蔬菜、花卉、畜牧等行业的商情信息。市场信息处还努力收集和传播来自国外的农业市场信息，尤其是商务交易中价格的变化和商场的趋势，包括多数欧洲国家，每年约4万条信息，主要涉及25种水果和蔬菜，根据产品和季节每天或每周发送。

3.应用先进科学的信息采集和统计方法

法国非常注重采用形式多样的统计方法收集数据资料，以普查为基础，以抽样调查为主体，辅以各项专项调查，采集最基层的数据，进行汇总。另一方面，法国注重统计信息工作的社会化，政府主要进行宏观基本面统计，微观专题性的统计调查主要由相关企业和咨询、资讯机构自由进行。无论是政府还是企业都十分注重对信息资源的科学管理，并依靠先进的技术方法进行反复多次的开发利用。在信息采集和信息传输方面，法国努力采用现代信息技术手段，例如在农业商情信息方面，借助先进的通讯设施，几乎做到了信息了解和传播同步进行。卫星资料和航拍照片在农业上也广泛应用，包括在制订农业计划、进行产量预测、核实农业生产者提供的数据以及控制灾害等方面，卫星和航空遥感图像提供了非常客观可靠的基础信息资料。

4.注意信息分析和信息服务

法国十分重视农业信息资源的深层次开发，注意信息分析工作。农业信息分析研究的成果，除提供决策参考外，也通过一定媒体向社会发布。为了加强这一工作，法国农渔部除生产和贸易司市场信息处负责报价和物价推广以外，财政经济事务司的统计研究调查处负责农业、农业食品和农业经济形势统计分析，经济分析和金融事务处负责农业远景展望，档案信息司则主要负责文件公告、档案资料、视听资料等信息资源的管理和提供。这些涉及农业信息工作的专门机构职责分工明确，并十分注意搞好横向协调。

法国农业信息应用与服务工作及时有效。农渔部生产和贸易司市场信息处每天发布的各项农业商情信息客观可靠并具代表性，这些信息及时提供给生产者及他们的集团、私人和合作社的发货单位、批发商、零售商，尤其是涉及市场标价、交易水平、商情趋势信息的及时准确传输，对提高法国农业产业化经营水平发挥了极其重要的作用。由于法国政府有时会对农业经济运行进行必要的价格干预，农渔部财经司分析处必须及时提供决策支持用的信息产品，它们主要利用各种模型进行政策研究和评价，如研究评价政策对农民收入的影响，希望帮助农民适应政策调整，以便更好面向国际市场。另外，全国农业发展协会及农业技术研究中心等机构也通过电话、刊物和电子邮件等途径和方式，接受信息咨询，提供信息服务。

## 二、信息技术在农业生产中的应用

利用信息和通信卫星技术可以对灾害性天气预报、对病虫害灾情预报；利用专家系统可以进行自动化施肥、灌溉、打药等田间管理；利用新技术可以对小区土壤环境实现精确的数据分析，根据种植对象的具体需求，及时准确地调节和改善种植环境，以获得健康优质的绿色农产品的精细农业；还可以在农产品生产、收获、储藏、加工等各个环节实现计算机全程实时监控等。

全程实时监控。目前信息技术在法国农牧业上较成熟的应用是全程实时监控。由于近年来疯牛病及其他一些畜禽病在欧洲的流行和泛滥，食品卫生成为消费者最为敏感的忧虑之一。人们希望销售部门提供尽可能详尽的食品生产和加工信息，这使农业经营者们看到了新信息和通信技术在这一领域应用的价值。农民们以较高的技术投资，生产消费者信赖的农产品，会得到更好的经济效益。信息技术在全程实时监控方面的应用就这样很容易地被农民所接受。

精细农业。精细农业近年来在法国也开始受到农民的重视。所谓的精细农业就是使农民的田间操作在最适合的地点和最适合的时刻进行。这就需要对小区之间及小区之内的土壤、植物和气候的特性以及它们的潜在变化，都有充分详细和及时的信息反馈。专家们利用新信息和通信技术，使这一理想变成现实。例如：在播种时，根据土壤类型、种床状态和种子质量控制下种剂量；根据土壤类型、植物营养状况分析和轮作情况调节氮、磷和钾的剂量；根据田间观察及时矫正病虫害防治策略等。

## 第三节　农业机械化和农机标准化

### 一、农业机械化发展情况

1.农业机械正在向智能化、高效率和大型化方向发展

农业机械装备技术已逐步融合现代微电子技术、仪器与控制技术和信息技术，向智能化、机电一体化方向发展。田间自动导航系统、机器视觉系统等研究成果已开始应用，并装备到拖拉机与自走式农业机械上，正在实现农业机械化作业的高效率、高质量、低成本和改善操作者的舒适性与安全性。拖拉机平均功率已增加到 72 千瓦。自动化程度提高，作业速度加快，复式作业机具和专业化生产机具协调发展，为在农业生产中推广使用新技术，进一步降低作业成本创造了条件，也为提高社会化服务的集约化水平提供了空间。

2.政府制定一系列促进农业和农机化发展政策

围绕提高农业生产率、增加农民收入、稳定市场以及保证农产品的高质量，政府制定了相关的农业和农机化扶持政策，如土地集中政策、农业专业化政策、农业信贷政策、农业生产价格补贴政策、农用燃油减税政策等，目前农机政策更多地体现在保护使用者安全、降低劳动强度和保护环境、利于国土整治等方面。

3.提高农机具的利用率

在战后农业现代化过程中，为解决购买昂贵农机设备的资金困难，提高农机利用率和降低生产成本，农民自发组织起集体购买和共同使用农业机械的“居马”合作社，一些大型、专用农业机械，如经济作物作业机械、大型收获机械和农田基本建设机械等，都通过合作社集体购买。

4.积极发挥农业协会组织的作用提高农机化新技术

法国政府对农业生产和农机化发展方向的引导是通过经济手段（如项目资助、低息贷款）实现。而农机化新技术的提高，主要依靠发明者和制造商通过农业协会等民间组织，利用电视和专业报纸等媒体发布公告向农民宣传推荐。同时，协会及时发布技术需求信息、市场销售信息等，与农户沟通。政府的各种政策措施也通过协会传达给农户。农业协会组织成为政府、企业与农户间的纽带和桥梁，并在农机化新技术的推广中发挥着重要作用。

5.农机生产企业十分注重技术创新和质量控制

法国的农机生产企业规模多在2000人左右，年产量在2000台以上。其共同特点有：一是具有较强的技术创新能力；二是十分重视产品的质量控制；三是工艺装备先进，生产现代化程度高；四是生产的社会化程度高；五是普遍重视对员工的培训。

## 二、农机企业的标准化情况

1.运用标准化加快新产品开发

法国农机生产企业在新产品开发中，尽可能多地采用标准件、通用件，运用组合化的原理，采用标准化的计算机辅助设计技术，从而大大缩短新产品的设计、试制周期，快速适应市场需要。

2.运用标准化大大提高产品质量和服务水平

全面采用 ISO9001 和 ISO9002 标准进行质量体系认证，并以先进的欧洲标准指导产品生产，重视外部件的质量检验，保证充足配件供应，使产品在国内外市场上具有竞争力。

3.运用标准化提高劳动生产率，促进生产的社会化

各企业充分运用标准化手段分工与协作，实现生产要素的优化配置，提高了劳动生产率，促进了生产的社会化。

4.积极发挥农业、农机行业联合会在标准化方面的作用

一是维护本行业的利益，争取使本行业企业制订的标准成为法国标准或欧洲标准；二是协调本行业企业内部关系，当各企业制订标准产生分歧意见时，提出各方都能接受的方案；三是按照政府的指令，在行业中贯彻有关强制性标准；四是收集、发布与本行业利益和发展有关的各类标准化信息。

# 第四节　农业的社会化服务体系

法国农业生产具有很高的专业化程度，农产品已实现商品化，社会服务很发达，形成了由政府、农会、农民以及私人企业等组成的有效服务体系。法国农业的服务体系可分为产前服务、产中服务和产后服务，其中产前服务以私人企业为主，合作社为辅；产中服务以农会为主，农场主独立经营；产后服务

以合作社为主，私人企业参与其中。

第一，产前服务。法国农用工业比较发达，私人企业销售网遍布农村，有的还开办出租业务，出租农场主买不起的大型农业机械，例如联合收割机等，服务周到。在政府的倡导和扶持下，农民也合作开办一些生产资料合作社和生产资料供应社，进行产前服务。生产资料合作社由若干农户集资，主要是用银行贷款购买农业机械，雇用驾驶员，共同使用。生产资料供应社主要供应化肥、农药、种子等农业生产资料。由于私人企业提供的服务相当好，中小型农机具大都可以自备，其他生产资料从商店购买就行了，所以，合作社实际上只是起辅助作用。

第二，产中服务。法国的农会对农场主的生产过程起着积极的作用。虽然家庭农场采用什么生产措施，都是由农场主自己决定，但由于农会承担了大部分的农业技术推广工作，拥有一大批的技术顾问，向农民提供技术信息和管理知识，进行新技术的推广、示范工作，因此，农场主也乐意接受农会的帮助。

第三，产后服务。法国由于农产品过剩，有关销售问题，除了私人企业外，农民们组织了各种产后服务的合作组织。产后服务可以通过对农产品的加工销售，获得加工增值和经营利润，对农民有较大的吸引力，所以，农民的加工、销售合作组织发展很快。由于这类组织信息灵通，销售渠道广，在市场上有很强的竞争力，农民们都离不开它。

## 第五节　农业科研教育与技术推广

### 一、法国农业科研体制

在法国政府的引导和推动下，法国形成了具有世界先进水平的农业科研教育和推广体系。农业科研的目的是解决农业生产中的问题，提高农业生产效率和质量。法国政府高度重视农业科学研究，因此国家每年投入大量的经费。法国从事农业科学技术研究的部门遍及全国，仅国家级的就有法国农科院，法国农业机械、乡村土建、水利及林业中心，食品卫生安全署和海洋开发研究中心，这4家农业科研机构覆盖了法国农业的各大主要领域，从事与农业相关的各领域研究课题。各省、各地区和市镇几乎都有独立的农业科研单位，一些综合性大学也是农业科研的生力军。另外，还有很多专业性的技术研究所，如粮食和饲料技术研究所，养牛技术研究所，油料职业技术中心等等。

法国农业科学技术研究包括基础研究和应用研究两大系列。法国农业基础研究主要包括农业生产基础方面的研究，如自然资源方面的土地、水以及作物品种、动物、微生物等。农业应用研究则较为广泛，包括原材料、农产品加工技术和市场需求、农产品贸易等。

## 二、法国农业教育体系

农业教育的目的在于为农业研究、管理、生产培养高素质的综合型或专业型人才。法国的农业教育历史悠久，1848年10月，法国国民议会批准建立了第一所农业技术学校。二战后，法国政府对农业教育体系进行了调整和改革，建构了一个科学完备的培养高、中、初级农业技术人才的教育体系。法国农业教育体系主要分为中等农业职业技术教育、高等农业教育和农民成人教育三大部分，培养农牧林等各个领域、各个层次的人才。

法国中等农业职业教育主要由农业职业高中和农业技术高中组成，其任务是培养具有独立经营能力的农业经营者或具有某项专门技术的农业工人，由公立学校和私立学校承担。公立学校是地方政府设立的农业职业技术培训学校，一般包括：普通技术学校、职业学校、学徒中心、成人职业教育中心，它们均有自己的实验场所。私立学校分为三个部分：私立农业委员会、农村教育及发展方向协会、农村教育及促进协会。私立学校也包括私立职业学校、再教育中心、学徒中心。

法国高等农业教育属于高中后教育，主要包括高等技术教育、工程师教育和研究生教育，这种教育主要是培养高校教师、科研人员以及国家机关行政官员等。

法国成人农业教育学习对象主要是农场主、农业工人和农业后继者等。主要由农业职业技术学校、农业成人培训中心和农业职业教育中心承担培训任务。学习内容丰富，学习时间灵活。这种教育形式大大提高了农民的专业技术知识与管理水平，提高了农民的文化素质。

## 三、农业推广组织

法国除了农业科研教育机构之外，还拥有相当健全的农业推广组织。在中央一级设有农业和农村发展署，其理事会由政府代表和行业代表各半组成，对纳入国家计划的推广活动给予资助；省一级设有“技术推广委员会”，具体的技术工作由各省农会的技术顾问负责；市县一级有农业生产者自愿组成的农业推广组织，专门从事农业技术推广工作。除农业学校以外的农业科研成果推广组织有：

1.农会

法国农会是农民和农业界的利益代表，在法国政府及欧盟制定各项有关农业政策时，代表法国农民农业界提出自己的要求，另外农会还具有向农民提供各项服务的职责，如向企业提供建议、研究开发和试验、促进项目实施、帮助农民与外界联系并提供信息等。

2.农业技术协调协会

农业技术协调协会传播技术的主要方式是通过出版各个不同领域的专业书刊，尤其是出版保护作物、控制杂草、防止土壤有害物、防治昆虫及其他病害、生态农业和机械化等方面的科普书刊。此外，农业技术协调协会每年还举办几期专门的技术培训课程，向农业生产者传播科研最新成果，尤其是作物保护、生态系统保护等知识。农业技术协调协会的各专业技术研究所和技术中心，对科研成果进行适应本地区的试验后，通过各省农会的技术顾问或农业生产者把科研成果推广出去，因此它是基础研究和应用研究、科研和推广紧密结合的重要渠道。

3.农业资源与发展服务中心

农业资源与发展服务中心推广农业技术的方法是对农业组织负责人和农业发展研究人员进行培训，以期有助于新技术、新方法的普及。

4.专业技术研究所

法国 24 所专业技术研究所是按生产行业的不同而划分的，如奶业专业研究所、谷物和饲料专业研究所、工业甜菜专业研究所、葡萄和葡萄酒专业研究所等，其科研成果是该行业生产者联盟和地方农会的主要技术支持。

5.农业合作社

从经营活动来看，农业合作社又主要分两类：生产性的合作社，主要包括提供技术服务和共同使用生产设备，如提供农机具、农机修理、良种、人工授精、病虫害防治等技术服务。流通领域的合作社，主要从事农产品的收购、运输、加工、储藏和销售，并且供应生产资料。

## 第六节 农业补贴政策

法国农业补贴的最终目的是充分发挥政策的导向作用，促进法国农业结构调整，使法国农业能够实现多效益可持续发展，以满足社会的需要。法国农业补贴政策主要是通过农业贴息贷款和农业补贴实现的，并且在这些农业补贴政策和补贴机制中都充分体现了对不发达地区的倾斜和支持。

### 一、农业贴息贷款

农业与国民经济其他部门一样需要大量的投资，为此，国家权力机构为农业制定了特别的优惠贷款政策。贴息贷款由国家承担资金成本与使用成本之间的差价，因此，贴息贷款是国家对农业进行调控的一种经济手段。

1.发放贴息贷款的金融机构

发放贴息贷款的金融机构的发放资格是通过竞争来实现的。目前主要是由巴黎国民银行、国民银行、农业信贷银行、里昂信贷银行、互相信贷银行等负责发放贴息贷款。

2. 贴息贷款项目

第一，青年农民贴息贷款。发放给安家后的青年农民，以满足他们进行农业生产活动的资金需要。

第二，农业现代化特别贷款。申请农业现代化特别贷款者必须纳入“PAM 生产资料现代化计划”，这种贴息贷款旨在鼓励生产资料的现代化和多功能农业发展。

第三，养殖业特别贷款。这种贴息贷款是为了满足农民发展养殖业所进行的必要投资而设立的。这种贷款不支持购买土地的费用。

第四，特别作物栽培贷款。这种贴息贷款主要是为了促进葡萄栽培、果树栽培、蔬菜种植以及园艺等生产活动。

第五，公用农业生产资料特别贷款。这种贴息贷款主要针对各种农业合作组织，贷款目的是满足这些合作组织购买、更新共同使用的农业生产资料所需的资金。

第六，农业灾害特别贷款。这种贴息贷款主要提供给各种自然灾害的受害者，以减少他们由于灾害所造成收成的损失或者投资的损失。贷款目的是使他们以尽量小的资本代价尽快恢复生产。

第七，保证金贷款。这种贷款设立的目的主要就是为了减少由于农业生产危机对农民造成的不利影响。这种贷款的年利率很低。

3.贴息贷款对不发达地区的优惠条件

第一，贷款人的约束条件更为宽松。在发达地区的农业经营者，第一职业是农业才有资格申请国家贴息贷款。而在不发达地区的申请者，农业生产可以是第一职业也可以是第二职业。

第二，不发达地区的农民可以比其他地区享受国家更多的贴息优惠。如在不发达地区的贴息贷款根据贷款的性质和项目不同，贷款利率分别为2%或3%。而对于其他地区则是3.5%或4%。

第三，不发达地区的农业经营者享受国家更长的贴息时间。如在一般地区，国家贴息贷款年限一般为9年，而在不发达地区，农业经营者可以享受的贴息年限一般为12年，有的贷款国家贴息期限可达15年。

第四，不发达地区的贴息贷款数额更高。

第五，还款年限可以比国家贴息年限延长3~5年，比如一笔贴息贷款还款期是12年，国家贴息9年，最后3年按资本市场利息计算。这样一方面鼓励农民及早还款，另一方面也照顾到农民的利益和实际需要。

## 二、农业补贴

1.补贴项目

法国农业补贴项目繁多，除了农产品直接价格补贴以外，其他补贴项目也很多。主要有：

第一，法国在欧盟共同农业政策框架下的植物和动物养殖生产补贴。(1)植物生产补贴：包括按农作物种植面积补贴，按农田休耕面积补贴(强制性休耕和自愿休耕)。(2)动物生产补贴：包括种牛养殖补贴，奶牛养殖补贴，以保护环境为前提的粗放养殖补贴，屠宰补贴，屠宰附加补贴，养羊补贴。这种补贴是为了减少由于市场价格变化给农民带来的损失而设立的。另外在这一补贴之中针对不发达地区专门设立了“农村特别补贴”作为补充，以专门保护不发达地区经济比较脆弱的农民的利益。(3)贫困农民补贴。目的是帮助农民恢复生产活动或者终止农业生产活动而转向其他领域就业。

第二，法国农村发展补贴。(1)农业生产投资补贴：包括生产资料优化计划补贴；国家农村发展计划补贴，这种补贴是为了改善农民收入、改善农民劳动条件和生活条件，有助于生产活动多样化和降低生产成本，这种补贴在一般地区不应超过投资总额40%，在不发达地区可以达到50%；国土开发合同补贴。(2)青年农民安家补贴：包括青年农民安家基金，农民提前退休补贴，农民转移经营权补贴。(3)自然条件恶劣地区补贴。

第三，养殖业补贴：(1)牛、山羊养殖补贴。包括奶牛舍、羊舍建设、更新补贴；肉牛牛舍建设、更新补贴；山区牛奶质量提高补贴；停止奶生产的补贴。(2)养羊补贴。(3)养猪补贴。(4)禽类养殖补贴。(5)水果、蔬菜与园艺补贴。

第四，林业与木材业补贴。包括木材开发企业投资补贴，林业生产企业发展补贴，林业生产投资补贴，造林补贴，通过自然更新转向阔叶林补贴，现有林业改造补贴，林业设备更新补贴，病虫害防治补贴，特别用途林补贴等。

2.对不发达地区的优惠条件

第一，补贴前提条件更为宽松。

第二，补贴金额更高。如青年农民安家补贴根据地区不同数额也不同，山区为171700法郎，一般不发达地区为106800法郎，其他地区为82700法郎。

第三，补贴比例更高。如农业生产投资补贴总额一般不应超过投资总额的40%，在不发达地区这一比率可以达到50%，对于青年农民可以在45%～55%之间。

第四，补贴范围更广。不发达地区享受一般地区的各种农业补贴，在此基础上，一些特殊补贴使不发达地区可以享受的补贴更加广泛。

# 第五章　德国农业经营与管理

德国全称德意志联邦共和国，位于中欧西部，北临北海和波罗的海，南接阿尔卑斯山，处于欧洲的心脏地带，将濒海的西欧和内陆的东欧连接起来，也成为暖和的南部和寒冷的北部的横梁。德国总面积356,970平方公里(大约等于两个广东省的面积)。德国的地形变化颇多，主要由广阔的平原、低伏的丘陵和高耸的山脉所组成，其南部的山脉是阿尔卑斯山的一部分，连绵的丘陵和森林，自此向北延伸到北海和波罗的海。德国南部为高原山地，中部为丘陵和中等山地，北部为冰碛平原。河流主要有多瑙河、莱茵河、易北河和威悉河，湖泊众多，较大的有博登湖、基姆湖、维尔姆湖和阿墨湖。德国属温带气候。

德国农场的规模一般在50~100平方公倾之间，大于100平方公顷的农场占总农场数的2.8%。土地利用主要为种植作物和牧草两大类型，农用地中大约68%用于种植作用，大约30.6%用于种植牧草。畜牧业在德国农业中占有极其重要的地位，以养牛业为主，其次为养猪和养鸡业。种植业产值占农业产值的38.72%，畜牧业占农业总产值的61.11%。

德国的农业布局，可按地形地貌来划分。北德海岸地区大面积牧场区、阿尔卑斯山山前地带以及中部山区以畜牧业为主；北德的低地平原，土壤为肥沃的黏土，以种粮为主；莱茵河上游和中游、易北河上游以及美茵河、莱茵河和内卡河三角区、博登湖畔，气候有利于种植水果蔬菜。

## 第一节　农业发展的特点

### 一、中小家庭农场为主

在德国，农业家庭农场是德国农业的基础。按其农业收入的情况，可分为三类：第一类是农业的专营企业，企业主总收入中有90%以上由经营农业所得；第二类是主营企业，农业所得收入小于50%；第三类是兼营企业，农业所得收入超过50%。德国农业经营单位是以中小家庭农场为主，例如早在1995年，拥有农用地面积1公顷以上的52.3万个农场中，23.5万个农场的面积在1～10公顷之间，约占总数的45%，约22.7万个农场的农用地面积在10~50公顷之间，占43%。可见，原联邦德国约有88%的农场规模在50公顷以下，50～100公顷及以上的较大的农场仅占11%左右。

### 二、东西部农场存在明显差异

在德国统一之后，原民主德国通称为“新州”，那里经过土地私有化之后，原先的超大型农场，已分成3万家各种形式的农业企业。其中，90%以上的是个体或合伙的农场（由3～5个家庭农场组成）。但它们经营的平均规模大于西部，约有150公顷，合伙农场更大，平均经营450公顷。与原联邦德国各州不同的是，在新州的农场中，所经营的土地89.9%是租赁来的，而在西部租赁面积仅占45.1%。东部租赁土地比例较高，原因在于1990年前土地是无偿使用的，在实行私有制后，原使用的土地物归原主，只好租赁那些重新获得土地所有权但已不再从事农业活动的原地主后代的土地。

### 三、农业份额下降，但畜牧业持续增长

德国农业在国内生产总值中的比重、就业人数占总就业人数中的比重都在逐年下降。1950~1951年度，原联邦德国农业劳动力为677.6万人，到1995年下降到138.9万人，占总就业人数的2.4%。农林牧渔业的产值占国民经济的比重从1950年的22%降低到1994年的1.1%。虽然农业的地位在下降，德国畜牧业的持续发展却给人以深刻的印象。德国约1740万公顷农业用地中，牧场与可耕地面积之比几乎是2∶7，但1994~1995年度，畜牧业产值达371.51亿马克，而同年农作物产值仅为242.9亿马克，即大致是3∶2。1994~1995年度，在农业销售额5730.3万马克中，动物产品占了63.3%。畜牧业是适合精加工的产业，是德国大多数家庭农场重要的收入来源，利用草场合理地粗放式地放牧牛羊，有利于保护乡村的自然风光。

### 四、农工综合体、产销一体化保证了农业在工业社会中的地位

农工综合体是指农业与其相关联的各行业在生产和分配方面的融合。它包括农业生产与农产品加工企业，提供农业生产资料的工业部门，商业批发和零售部门，运输、存储、包装企业，农业信贷、金融、技术咨询等。由于农工综合体和产销一体化，德国的农业对社会所具有的意义远远大于它们在国民生产总值中所占的微弱比例。

德国农工综合体主要有两种形式：一是以合作组织为直接依托的农工一体化。如畜禽饲养与肉类加工、肉制品销售的一体化；蔬菜种植、加工、销售的一体化等等。农场主入股合作社，由合作社统一提供综合服务。二是以合同形式实现生产、

加工与销售一体化。农业与食品业之间建立紧密的市场伙伴关系，双方订立长期合同，农场主按合同向加工企业供货。如甜菜农与糖厂，奶牛农场与奶制品厂，水果、蔬菜和马铃薯生产者与这类产品的加工制造厂之间直接发生关系。农民所需的生产资料，如良种、饲料、设备、燃料等等，由有关厂家按照合同如期供给。

## 第二节　农业科研教育和技术推广

### 一、农业科研体系

德国的农业研究大部分由国家资助。私人资助的研究大部分在农业生产的前期领域（机械、植物保护剂、化肥和饲料）以及食品业的后期贮存方面。德国的农业科研机构有三种：一是由联邦单独资助的联邦研究所；二是由各州出资的高校农业、兽医和林业系及相关的专业领域和各州的调查研究所；三是由联邦和州共同资助的研究机构。这些研究机构的总费用每年约达 15 亿马克。在德国粮农林业部业务范围内，有 10 个联邦研究所和 1 家农业文献及信息服务中心。此外，粮农林业部还对联邦范围以外的其他研究机构提供资助，比如有许多研究任务交由高校及其他研究机构完成。

联邦农研中心是德国粮农林业部下属的一个联邦研究机构。它的任务是在农业和相关科学领域进行研究，出版科研成果，为联邦政府提供粮食、农业、渔业和消费政策方面的建议。该中心有 16 个研究所，1 个数据处理中心，1 个中央图书馆，1 个实验站和 1 个中央文献和信息服务办公室。随着农业的发展，联邦各研究机构的研究重点也发生了明显的变化。以前的研究重点是增加农业生产，目前的研究重点是农业生态系统的自然资源的保持、粮食和原材料生产的发展。此外，还对农业和农村地区将来的发展进行技术评估。各州的调查研究机构面向各州的特殊要求，目的是为当地的农林业提供专业咨询，控制和监督如环保和食品卫生方面的法律法规。高等院校的研究方向则基本上可以由各校自定。

## 二、农业教育

德国的农业教育形式多样。一般分为两种，一种是通过正规大学或大专院校培养农业专门人才，另一种是通过职业培训和进修达到国家对农业从业人员的资格要求。

德国共有 24 所农业高等专科学校（大专），凡是完成 12 年学业的中学毕业生都可以报考。大专学习包括专业理论学习和专业实践，毕业时可授予农业或农学专业“工学士”（大专）学位。高等院校的农业系招收高中毕业生，学期 4 年，毕业考试及格获“农学士”学位。

德国中学生也可以直接进入农业职业专科学校学习，其学制为一年或两年（一年的专科学校也可以分两个冬季完成），结业考试合格者取得“经国家考试的经济学者”资格。德国 1969 年颁布了职业教育法，企业根据该法对农业企业就业人员进行职业培训和进修。培训的目标和内容以及考试要求按联邦粮农林业部颁布的培训条例实施。粮农林业部迄今为止，对 12 种农业职业颁布了培训条例，即：农场主、园艺农、果农、动物饲养员、马饲养员、鱼饲养员、林业人员、护林员、家庭经营者（农村）、乳制品专业人员、鲜奶品专业人员、化验员和酿制员。职业培训毕业并经 3 年实际工作后，进行满师考试。农业在职人员的进修主要由专科学校、职业协会、经济咨询单位负责，通过学习班、报告会、国内外学习考察以及信息通报等形式进行。

成人教育在52所农村乡办业余大学中进行。成人教育主要包括农学、家庭经济学、普通教育、社会政策等方面以及文化方面的课程。

### 三、农业咨询

德国的农业咨询机构形式多样，遍布德国城乡，咨询机构一般分为官办和社团私办两种。国家提供的咨询以及农林场主协会提供的咨询被称为官方咨询，经费由各州负责资助。咨询工作的重点是生产技术咨询、企业经济咨询、社会经济咨询以及农村经济和家庭经济咨询。有些州另外还有一些根据私法组成的咨询机构，全国共有260家，它们中的大多数也受到国家方面的资助。此外，还有生产者组织和企业互助组织、农村合作社在农业生产资料供应、农产品加工和销售、农机合作和信贷等方面为农民提供综合服务。

## 第三节 农业的信息化

近年来，德国的农业信息技术不断推广普及，农业信息网络不断扩大，农业生产大多数工作是通过操作计算机来完成的。根据有关部门2001年的统计，在德国17万农户中有7.5万农户使用了计算机，有5.5万农户使用互联网。通过电子计算机网络，农业新技术、新信息得到快速传递，德国农业信息技术正在普及并向农业全面信息化迈进。德国农业信息化的现状主要体现在：

1.农业科技文献电子信息网络服务系统

德国联邦农业科技文献中心的网络系统是基于互联网络之

上的农业文献信息管理系统。该系统通过委托站点的检查，可随时接收欧盟的法律法规，并将欧盟的法律文件转换成本国语言的文件。德国的 14 个联邦州都可以通过农业文献信息中心系统得到该中心的库存文献资料。

2.农业生产技术网络服务系统

德国的农业生产技术信息服务主要通过 3 种类型的计算机网络来实施。一是各州植保局开发和运营的电子数据管理系统，该系统在州植保局设置网络服务器，作为电子数据管理系统主机，用户通过电话线与系统联机，可随时获得作物病虫发生情况、病虫预报警报、防治办法和技术以及农业生产资料市场信息等；二是邮电系统开发经营的电视屏幕文本显示服务系统，用户可通过邮局的通讯网络，获得农业信息服务和农作物病虫测报信息服务；三是德国农林生物研究中心开发建设的植保文献数据库系统、农药残留数据库，害虫管理数据库等。德国计算中心的大型计算机存储了德国各行各业的数百个数据库，其中农业方面的数据库 30 多个。

3.计算机自动控制技术

在德国农业科学研究中，已广泛使用电子信息技术对各种试验场所进行监测和自动控制。环境变化的数据，如温度、湿度、光照时间和强度、风向风速等各项要素，均自动监测和记录。在农业生产中，装有遥感地理定位系统的大型农业机械，可以在室内计算机自动控制下进行各项农田作业。德国还研究出许多计算机编程控制的试验仪器设备，如带计算机程控和数据处理功能的立体显微照相设备，可将生物立体图像快速准确地显示、存储、分析及进行各种处理；又如便携式自动数据库机，可携带这种数据库机下农田、实验室，随时将田间调查结果或试验数据直接输入数据库机，待工作完成后，将数据库机连接到计算机上，就可将数据转录到计算机中。农牧技术宣传资料的分发，也采用计算机自动控制系统，农业技术人员在计算机上将技术资料内容编写好以后，计算机自动完成印刷、折叠、装信封、印地址、封日、打捆、包装等一系列工作。

4.网络计算机辅助决策技术的应用

在农业大专院校，已将农业技术计算机辅助决策软件系统用于培养和训练学生的技能。在农业生产中，有农业生产技术措施的计算机辅助决策系统为农民提供咨询服务，如蔬菜作物蚜虫、菜青虫、萝卜蝇等害虫危害的经济损失、蔬菜作物害虫综合治理的辅助决策等计算机应用技术已用于指导农民的蔬菜生产。联邦农业教育研究所研究开发了小麦品种选择模型，可从存储的信息中选择适宜各种农田种植的小麦品种清单，并提供这些小麦品种的水肥条件、品种特性、产量品质、抗病虫害的能力等的评估，帮助农民选择适宜种植的小麦品种。小麦除草计算机辅助决策模型，可为农民提供小麦适用的除草剂品种选择、除草剂施用技术、使用费用计算、草害损失值及施用对比、施用除草剂的副作用等。

5.计算机模拟和模型技术

德国于 1987 年研究开发了麦类病害流行预测和损失预测模拟模型，可模拟锈病、白粉病等多种病害，应用这套模型，可减少麦田的田间调查次数，还考虑了各种病害之间的相互作用，无论是单一病害还是多种病害综合发生，都可进行预测。1986 年建立了农作物病虫害诊断模型，从农作物收益角度分析病虫危害损失，判断作物不同生长阶段的抵抗力。近年来，又研究开发了预测苹果卷叶蛾种群动态模拟模型。经大量研究取得初步结果后，已投入农业实际应用。

6.遥感技术

德国建立了一支人员素质高、管理严密、执行严格的土地利用规划队伍。其发展规划部门拥有世界先进水平的遥感和地理信息系统的数据采集、储存、分析、加工和图像处理、加工制作设备，并应用专业技术和参与调研方法，进行自然资源普查、土地资源评价、土地利用规划、环境监测等，为编制高质量的规划提供了快速、准确、可靠的技术保证，为德国精确农业的实施，及经济发展、社会稳定、环境美化等方面起着重要的作用，为土地等自然资源的可持续利用奠定了基础。

7.精确农业技术

德国有关专家在提高农业生产技术、改善经营方式，准确适量使用肥料和农药方面作了许多研究。如某农业技术研究所在 1993 年就提出利用全球定位卫星来解决局部土地因多样性、复杂性带来的耕作问题，在生产技术上采用因地制宜的不同处理方式。农业机械采用卫星系统来定位，定位技术会自动确定在地块上的相关位置，根据实地情况，准确地施用肥料和农药。这种生产技术可使投入最佳化，既可减少生产费用又有利于环境保护和农业的持续发展。

8.农机管理

通过卫星定位系统和数据传输使农机管理有了新的途径。德国将“船队的管理方式”用于大的农机企业中，目标是对作业区中的农机进行不间断的监控，得到农机作业的实况和方位，实现在办公室指挥农机工作，并便于对新安装的仪器进行维修，可利用远程诊断系统来确定农机是否需要维修或更换零配件，而不会因故障造成停用，以此提高农机的使用效率。

# 第四节 农业的机械化

## 一、德国农业机械化发展历程

二战前，德国的农业比较落后，战争中农业又遭到战火的严重破坏。战后，德国粮食严重短缺，解决吃饭问题成为当时德国政府稳定社会和发展整个国民经济的首要问题。根据当时的情况，德国政府采取了提高农产品价格，增加农业投资和信贷，发展拖拉机生产，开展农业科研和教育等一系列措施和政策，较为有效地促进了农业生产的发展。

20 世纪 50 年代中期以后，德国开展了农业技术革命，加强了农业生产过程中的机械化和电气化，使农业生产迅速发展，劳动生产率成倍增加。德国本身是机械制造大国，而劳动力价格又比较高，所以，农场主们都愿意通过使用机械来提高生产效率，并以此降低生产成本。20 世纪 70 年代以后，德国农业生产普遍实现了机械化、电气化和化学化。

## 二、德国农机管理服务机构

1.德国的农业管理部门

德国的农业管理部门是各州的农林部。德国农业服务功能主要由农业协会来承担。农协是一个自上而下组成的民间团体，由基层农协、区域农协、州农协及全国农协 4 级组成。农协为农业企业提供科技、法律等方面的帮助及通过影响政府立法来解决农业企业的问题。农协与政府没有直接关系，其经费来源主要靠会员会费收入，没有政府财政支持。随着德国农业经济结构的变化，农协也面临着一些问题：一是由于农业企业数量的减少和耕地面积的减少，会费收入也在逐年减少。二是政府为增加社会就业机会，规定农民年满65周岁退休，把农场交给年轻人经营，目前退休人员数量很大、退休金支付压力大。在农业机械化服务方面，过去德国各州农林部都设有负责农机组织协调和质量监管的技术办公室，主要负责与农业企业沟通，及时向农机生产企业反映农业机械的质量、性能等问题。

2.农机产品质量检测与监督

德国农协有一个专职从事农机、电子检测及动植物产品测试的检测中心，总部设在法兰克福。德国法兰克福检测中心目前主要从事拖拉机、联合收获机及养殖设备、草坪设备的检测。

德国农协农机检测中心是非营利机构，在政治上和经济上独立于政府之外，其收入主要来自服务收费和社会资助等。通过检测的产品可贴上德国农协质量保证的标识（类似我国的农机推广许可证），这既可以看作农机生产企业质量过关的标识，还可以认为是农民认可购买的标识。德国农协对测试结果在互联网和专业杂志上或以测试报告的形式向社会公示。

德国农协农机检测按照国际公用标准进行检测，对暂时没有标准的产品由德国农协自己制定。其检测内容分三类：一是全面测试，包括安全测试、保养测试和可操作性测试，测试的程序是实地检测和使用检测，测试后由测试委员会提出检测报告，从而使农民可以放心购买。二是部分性能的专项测试。三是代企业对新产品进行性能测试，对委托企业出具测试报告，同时为企业提供咨询和技术支持。在德国，所有的农机检测项目都不是强制性的，同时农机检测机构对所有检测项目都要收费。德国农协的部分检测能够得到国家的财政支持，如对检测设施设备建设给予一定的经费补助等。

3.农机职业教育与培训

德国年轻人在基础教育通过后（16～19岁），若到农业企业就业需进行职业技术培训，学制3年，分四个层次：专业理论基础知识、实践操作技能、管理应用能力、专业技能培训。由年轻人自己提出申请，州政府下达计划和资助金，到学院培训结束后，经过考核颁发证书，这些学生毕业后90%到农业企业从事与其培训相关的工作。同时，该中心还承担短期的农民技能培训，培训基本是免费的，农民自愿参加，每年大约有500～600人接受这项培训。

4.农机研发

德国幕尼黑工业大学设有专门的农业机械研究所。该研究所1/3的经费由政府支持，其余2/3经费由承揽项目来支持，每年可获得政府和企业的项目经费共计1200万欧元。

## 三、德国的农机合作组织——“农机环”

德国的农村合作社有140多年的悠久历史。1867年，德国就制定了第一部合作社法，后又几经修改。按照该合作社法的规定，合作社至少由7名社员组成，社员必须以一定的资金参股，他们共同拥有一个企业，而合作社本身不是企业，合作社通过这个共有企业来提高社员的收入，增强社员的经济实力。

德国的合作社不是严格按照行政区划建立的，而是按照经济门类自然形成的，社员进出自由。按照经营业务的范围，合作社可分为五大类：农资供销和加工合作社（如购、销合作社、奶制品和牛奶加工合作社，葡萄酒合作社和牲畜饲养加工合作社），信贷合作社，手工业、商业和服务业合作社，消费合作社，住房合作社。这些合作社遍布德国农村，为农民提供农产品生产、加工、销售以及信贷、农资供应、咨询等方面的服务，成为一个综合性的社会服务网。

德国的农机合作组织叫“农机环”。德国的小农在数量上占绝对优势，农户经营规模小。为保证小农户实现机械化，德国积极推行农机环这一合作形式，建立农民自愿参加的共同调剂使用农业机械的组织。政府对农机合作组织给予扶持：一是对农民合作购买大型农机给予资金补贴等优惠待遇；二是对合作组织提供必要的办公设施，如电脑设备等；三是培训合作组织负责人，提高他们的组织服务能力。农业机械的合作共用为农业机械技术不断进步创造了条件，它解决了有机户与无机户的问题，也解决了农户与市场的问题。

## 第五节　农业管理与扶农政策

从 20 世纪 60 年代起，欧共体陆续开始对粮食、牛奶、肉类等农产品实行共同农业政策，确立了提高农业生产率、增加农民收入、稳定农业市场、以适当的消费价格及技术质量标准保证食品供给和安全的共同政策目标。为此，欧共体制定了统一的农产品价格和市场政策，使欧共体国家内部的农产品市场价格明显高于国际市场价格，因而欧盟付出了高额的农业补贴。

欧盟建立了四项结构性的发展基金：一是农业发展指导保障基金，包括指导和保障基金两部分，其主要功能是为落实欧盟共同农业政策提供必要的财政支持。农业指导基金主要是向落实欧盟各成员国结构性的政策提供必要的资金帮助；农业保障基金主要是为欧盟共同市场行为提供资金诸如干预收购各项补贴支持出口等。二是地区发展基金。三是渔业发展指导基金。四是农业社会发展基金。

德国政府对农业的管理与支持的基本原则：一是保持和培

育农业企业及农产品在国际市场上的竞争力；二是制定技术质量标准，实行严格的产品质量监控以保护消费者的利益。欧盟和德国政府对农业具体的调控措施有：

1.对份额内农产品的生产实行价格补贴政策

如牛奶，欧盟制定了一个固定的价格，当奶价低于这个价格时，由欧盟以保护价给予收购。按保护价收购给予补贴的还有甜菜、牛肉和部分粮食。德国的谷类生产每公顷补贴300欧元，油类作物每公顷补贴350欧元，每头牛补贴250欧元。其补贴基本上是在生产经营持平的情况下作为盈利数计算的。

2.实行限量生产

欧盟在统一市场上制定了统一的农产品价格，对严重过剩的谷物、牛肉、奶类实行限量生产，对限量以内的产品实行较高的干预收购价，如果该年生产量超过了控制指标，在第二年就不同程度地下调干预收购价。国家适当干预政策的目的是为了减少有些农产品生产过剩的压力和保证农民收入。

3.实行土地休耕，国家适当补贴政策

为了解决农产品过剩问题和保护生态环境，联邦政府采取了对全国耕地实行10%以上的休耕政策。为限制总产，欧盟要求种粮油的农场主，只要闲置10%的土地就可以获得每公顷200~450欧元的补贴。

4.市场准入政策

欧盟区内国家生产的农产品都必须经过严格的产品检验、检疫，符合欧盟制定的安全标准的才能进入市场，这一措施不仅规范了农场主的行为，而且保证了产品质量，维护了消费者的利益，从而也保住了他们的产品在市场上的占有量。

5.在进出口方面欧盟对农产品实行双向保护政策

欧盟和德国在采取一些措施减少自身过剩农产品的同时，

还通过关税和补贴等经济手段对本国农产品进行保护。当其进口的农产品价格低于欧盟内部市场价格时，对进口的农产品征收差价关税，使进口的农产品价格高于欧盟和德国市场的价格水平，从而失去市场竞争力。当本国出口的农产品价格高于世界市场农产品的价格时，则对其出口的农产品进行补贴，使出口的农产品价格低于世界市场价格，增强其产品在世界市场上的竞争力。

6.在农业投资、贷款、债务、保险、就业等方面提供财政支持

到 2001 年，德国政府补贴给农业保险事业的经费高达 76 亿欧元，其中 70%用于农场主的养老保险补贴。对农业改革后出现的失业人员，规定前两年由政府保证发给工资，到第三年失业者仍可以领取失业救济金，到第四年还失业的可以领取社会救济金直到再就业。德国政府每年大约要为东德地区农业提供 60 亿欧元的财政和贷款支持，主要用于农场主维修农田、种草种树、避免土地荒芜、购买牲畜、建设棚圈、改造危房、社区修路、基础设施建设、失业者自办小企业、搞园林园艺和瓜菜经营等方面的投资资助和老年职工的退休补贴。

# 第六章　英国农业经营与管理

英国位于欧洲西部，是大西洋中的一个岛国。本土主要由大不列颠岛、爱尔兰岛和周围的许多小岛组成。全称为大不列颠及北爱尔兰联合王国，简称为英国或联合王国。其中，大不列颠岛习惯上分为三个部分：北部为苏格兰，中南部为英格兰，西南部为威尔士，所以有时称为“英伦三岛”。英国的首都为伦敦，是全国的政治、经济、文化、交通中心，也是英国最大的海港和国际金融中心。

英国国土面积为24.4万平方公里。城市化程度居发达国家的前列，农业人口占经济活动总人口不到2%，是世界上农业人口和农业劳动力比率最小的国家之一。英国是最早的资本主义国家，它在世界上第一个完成了工业革命，这使得英国成为“世界工厂”和最大的殖民帝国。英国1914年的殖民地国土面积比英国本土面积大111倍，世界上许多国家都曾是英国的殖民地。

英国大致可以分为三个区：东南部为平原，土地肥沃，适于耕种；北部和西部多是山地和丘陵，北爱尔兰大部分为高地。境内河流密布，湖泊众多。英国冬季温暖，夏季凉爽，全年温度变化不大，仅在10度到15度之间，最北部冬季平均温度为3度，夏季为12度；最南部冬季为5度，夏季为16度。

英国的耕地面积为608万公顷，占国土面积的30%左右，人均耕地面积为1.5亩，比美国、法国、德国、加拿大、印度都少，仅仅多于日本，是属于人多地少的国家。英国有一半土地是草地，所以，很适宜发展畜牧业。

英国农业在欧洲国家中曾经居于领先地位，但是英国过分重视工业发展，轻视农业，使英国的农业逐步衰退，农产品主要靠从其他国家进口。19世纪70年代，国内生产的粮食能够供应当时全国人口的79%，但到20世纪初期时，英国生产的粮食只能养活36%的人口。在第二次世界大战期间，由于德国潜艇击毁英国远洋商船，粮食进口运输受阻，使国内粮食供应发生困难。英国政府不得不实行食品配给制，因此英国转而加强对农业的干预，采取重视农业的许多措施，如：奖励垦荒，对开垦荒地的农户发给奖金，扩大耕地面积；提高农业机械化水平；大幅度提高农产品价格；各地区普遍建立农业生产管理委员会，对农业生产进行监督。二战后，英国花了近15年的时间，扭转了农业衰退的局面，逐步实现了农业现代化。目前英国的农业劳动生产率、单位面积产量都有了很高的水平。

## 第一节 农业生产经营的现代化

英国农业的主要经营方式是农场化生产。农业专业化程度较高，按照专业化性质，英国农场分为六种类型：乳业农场、牲畜农场、猪禽农场、作物农场、园艺农场、混合农场。各类农场的专业性是按照哪一种产品的产值占50%以上为标准，比如，养猪产值占农场总产值的50%以上则为猪禽农场。英国农业机械化水平和社会化服务水平很高，在专业化分工的基础上，实现了产业化经营。

## 一、土地制度和经营方式

英国农场土地占有方式，可以分为两种：一种是自有农场，另一种是租佃农场。目前英国的农场，自有农场的数目多于租佃农场，并且占地面积也大于租佃农场的占地面积。英国的农业法鼓励大农场购买小农场，政府还鼓励农场主购买土地，使大农场增多，小农场减少，特别是租佃农场的数目大大减少，农场总数下降。英国大部分的专业农场主要从事奶牛、肉牛、养羊业，少部分种植农作物，或养猪、养鸡、搞园艺等。

## 二、农业生产的机械化

英国最先推广的农业机械是拖拉机，后来广泛使用犁、耙、中耕机、播种机、割草机、捆草机、脱粒机和谷物联合收割机等，还有园艺拖拉机、马铃薯挖掘机、甜菜捡拾机。用施肥机和喷药机施用化肥和农药。实现田间作业机械化的同时，农业中的其他工作也实行了机械化，如农产品装卸运输、储存、保管和初步加工等。在大农场里，谷物装卸机、脱粒机、磨粉机、谷物烘干机、烘草机、谷物净化剂和通风设备等特别齐全。畜牧业生产也实现了机械化水平，挤奶机、剪毛机、冷冻设备等非常普遍。

近年来，牲畜饲养和作物耕种两方面的机械化程度越来越高。虽然农业机器数量减少，但机器的功能更多，技术更先进，操作更舒适。牲畜业行业几乎全部实现机械化。农作物种植过程中的机械化程度也很高。从土壤翻耕到播种、施肥、防病治虫及收获全用机械。农场为了改善谷物储藏，引进减湿机、恒温控制器，对高温干燥器的使用也大大增加。 现在，英国平均每个农民就拥有一台拖拉机，两个人拥有一台联合收割机。英国目前使用的拖拉机，多数是大马力和液压传动，并装有电子监测和空调设备。

### 三、农业的产业化经营

英国农业生产实现了产业化经营，特点是实现了农业和工业相结合的一体化，农业工业相结合，工业为农业服务，使得农业产、供、销一条龙发展，产业化的基本形式是“农工综合体”。农工综合体从1950年开始建立，后来迅速发展，逐步完善。农业的专业化和产业化的发展，使得为农业的服务部门也迅速发展，为农业生产前服务的“农业前导部门”，负责制造和提供各种生产资料，如农业机器、化肥、饲料。此外，还为农业生产提供技术服务、信贷和科学咨询服务等。为农业产后服务的农业部门，也叫农业后续部门，负责农产品加工、包装、储藏、运输、销售等。直接的农业生产如种植、畜牧等，在农业总产值中占的比例越来越小，而从事加工、销售、农业生产资料生产等服务部门的产值占农业总产值的比例越来越大。这在所有发达国家中也是非常典型的，反映了英国的农业技术、农业效率和农业原料的加工程度处于世界的最高水平之列。

一是农工联合企业。这种企业自己拥有土地，或者租借土地，企业直接开办农场，自己直接从事大规模的农业生产，企业自己对农产品进行加工、销售、储藏运输，甚至企业也从事机器设备等生产资料的生产。企业自己从事农业生产，并且自己提供完整的农业产前产后服务，农业产供销在一个企业内完成。农工联合企业的典型例子是“英国食品总公司”。这个公司拥有蛋鸡场、肉鸡场和仔鸡场，同时自己拥有农场，种植谷物，用收获的谷物制作饲料；通过它的下属公司经营鸡蛋、肉类的零售业务；此外，它还有自己的建筑公司。

二是合同制农业企业。这种形式的农工综合体一般是指大公司与农场主签订合同，公司为农场主提供生产资料和贷款，农场的产品全部出售给公司，合同一般规定农作物的种植面积和价格，农场的生产计划和经营管理都受公司的监督。这样，农场实际上是公司的一个车间。英国农工综合体所采用的合同很多都规定了粮食的固定收购价格，但现在不规定固定价格的合同越来越多。通过农场主与企业签订合同的方式，使得农产品的销路得到保障，同时，企业也有了货源保证。如果农民没有企业的指导，当他们发现某一种产品销路很好，就会一窝蜂地生产，使生产地农产品卖不出去，而企业有丰富的市场经验，当他们发现市场对某一种农产品需求减少时，会指导农民调整种植结构，避免农民的损失。

三是农业合作组织。农业合作组织是指由几个农场主组成的农场合作社，共同经营农业并且同时从事与农业有关的收购、销售、信贷、储藏、运输、加工、生产资料供应等业务。英国的农业合作社比起其他发达国家要弱得多，但是随着政府对农业的重视，合作社的发展也越来越快。

英国的农业产业化经营，使得英国的农业生产具有很多特点：

一是农业生产和管理“工厂化”。农工综合体把现代化的工业生产和管理方式扩展到农业中来，不仅农业的机械化和自动化水平空前发展，而且农业生产的计划性、组织性也大大加强。

二是农业生产日益社会化。农工综合体的农业生产像工厂一样，内部有严密的分工，生产过程中各个环节，从生产到销售相互依存性很强。加入农工综合体的农业企业只生产某一种规定的产品，或在整个农业生产过程中只承担某一个环节的作业。

三是农产品严格标准化。农工综合体的农产品是用机器设备进行生产的，同时由于内部分工协作的加强，客观上要求生产标准化的产品，以适应现代技术操作的要求。同时，农工综合体内部各个企业是建立在现代技术基础上的高度专业化的部门，减轻甚至摆脱了自然环境的影响。

农业产业化经营是农业生产专业化和社会化发展的结果，同时推动了农业劳动生产率的进一步提高。能使工农之间、供产销之间的联系密切，使它们比较协调地发展；有利于农业的技术改进，使农业生产工厂化；有利于加强农工综合体内部的计划性和组织性，使生产过程和流通过程能够比较顺利地进行。

## 第二节　农业教育和科研推广

英国农业在国民经济中比重虽很小，但对农业科研、教育和推广工作历来很重视。英国政府在 1909 年就建立了为促进农业和农村工业的科研工作发展委员会，1931 年成立农业科研事业管理委员会，负责英格兰、苏格兰和威尔士的农业研究工作。1964 年又成立了统一领导科研、教育事业的“教育及科学部”。目前英国建立了比较完整的农业科研体系，有强大的科研队伍。英国的农业科研工作由教育和科学部下设的农业研究委员会统一计划和协调。农业研究委员会承担农业、渔业和食品部委托研究的项目。研究经费的一半由农业、渔业和食品部提供。

英国的农业研究机构有两类：一类是国家农业研究机构，另一类是私人出资办的农业研究机构，私人及企业举办的农业科研机构占有较大比重。农业科研事业管理委员会通过对这些私人机构提供经济上的支持，从而把这些研究工作纳入国家计划。农业、渔业和食品部所属的研究机构主要侧重于实际应用方面的研究，如人工育种、植物病虫害的控制等；国家农业研究委员会和大学的研究机构则主要侧重于理论性的研究。英国科研制度对于实用性的技术研究，采取“订户－承包者”原则，就是说，订户提出他们的要求，承包单位就去研究，并由订户支付研制费用。

科研技术只有推广到农户，对农民产生帮助才是有用的技术，因此，英国政府非常重视农业技术推广工作。英国设有“农业发展和咨询局”，在农业、渔业及食品部领导下，负责组织和领导农业技术推广工作。在苏格兰，农业技术推广工作由3个农学院承担。在北爱尔兰，农业技术推广工作由该地区农业部领导，在主要城镇设有咨询中心，进行技术推广工作。该地区的农学院、研究中心和研究机构也提供咨询服务。英国还组织有各种业余性和职业性的农业学会与协会。例如英格兰农业学会就有几万名会员，组织学术会议和展览等活动。在英联邦范围以内还有一个由各个农会组成的联合会组织，叫做英联邦皇家农业学会。

英国还特别重视与国外进行农业技术的合作。英国有一些海外咨询机构，他们帮助英国公司与国外企业建立联系，在海外进行技术推广方面的咨询服务，作为英国政府与外国政府的联系渠道。

## 第三节　农业管理政策

### 一、用法律和政策支持农业发展

英国的农业经历了一个比较曲折发展的过程。从开始的繁荣到第一次世界大战时的衰退，再到第二次世界大战后的发展。为了发展农业，英国政府于1947年实施了战后第一个农业法。

此后，又多次颁布了鼓励、确保农业发展的法令，用法律手段保护和支持农业。现在，英国的农业生产有了明显的增长。

政府用各种补贴政策来对农业进行管理和调控。

首先，为了提高农业生产效率，扩大农场的经营规模，英国政府制定了鼓励农场向大型化发展的法令，对愿意合并的小农场，可提供 50%的所需费用。对愿意放弃经营农业的小农场主，可获得一定的补贴，或领取终生养老金。

此外，政府还对农业生产进行大量补贴。英国政府每年都要拨出一笔资金作为农业投资，主要用于建设与农业有关的工程设施和公用设施。如水利工程、供电网和农场之间的交通网等。国家除了对农业直接投资外，还对农业基本建设，如土地改良、田间排水供水、施用化肥和石灰等进行投资。政府对自然条件差的山区农场提供补贴。农场主在农场修建建筑物、道路、堤坝、供电系统等费用，国家会提供 2/3 的补助。在农场建造农产品储藏干燥设施，或建造存放机械设备的仓库，在得到政府批准后均可得到 20%的补贴，修建煤气和电力设施，或修筑公路和便道可获得 25%的补贴；整治和改良土地可获得 60%的补贴。排水、防洪设施的修建，政府会提供 10%~80%的补贴。政府还帮助园艺农场的温室进行技术改造。英国每一个地区都设有不同类型的信贷机构从事农业信贷业务。它们以土地或房屋为担保，对购买或改良农田进行农场建筑等提供贷款；购买农业机械、土地和农场建筑物的农民，可以使用短、中、长期贷款等三种形式。

## 二、重视农业环保和农业的可持续发展

英国每年约有 2500 公顷农用土地被用作矿物开采地，每年也有同样的土地面积恢复为农田。采矿用地需有详细的规划，

必须得到批准，开采过程中要注意，使以后的土地还能复原再利用。在政府的帮助下，许多废置的工业用地，包括采矿地被清退，重新开采作为农业用地，或用于游乐湖、高尔夫球场或作为自然保护区。

英国非常重视环保。水质由国家河流局严密监视，废水处理标准很高。英国农业部门通过免费提供有关污染控制方法的建议来帮助农场主，使农业生产对环境的影响降至最低限度。免费为农场进行污染评估，帮助农民根据土壤类型、降雨情况及垃圾的类型和数量做出适当的处理，以确保污染的程度尽可能降到最低限度。

# 第七章　日本农业经营与管理

日本是一个岛国，与我国隔海相望，全国由北海道、本州、四国、九州4个大岛和3900多个小岛组成，统称日本列岛。国土面积37．77万平方公里，仅占世界陆地面积的0.27%，相当于我国的l/25，人口1.265亿(1999年)，居世界第7位，农业人口占总人口的4.5%。日本是世界人口密度最大的国家之一，平均每平方公里334人，属典型的人多地少国家。首都东京是国际性的大都市，既是全国的经济、金融、商业文化教育中心，又是世界三大金融中心之一。日本的行政区划比较有特色，都、道、府、县是平行的一级行政区，直属中央政府，都、道、府、县有自治权，全国有一个都（东京都），一个道（北海道），两个府（大阪府、京都府）和41个县（相当于我国的省），每个都、道、府、县下面设了市、町、村（相当于中国的镇、村一级）。

日本是一个经济强国，2002年，日本的人均国民生产总值是32900美元（相当于27万元多人民币），仅次于瑞士，居世界第2位。但是，日本的资源比较贫乏，山地和丘陵约占总面积的80%，多火山、地震。沿海平原狭小分散，关东平原最大。大部分地区年降雨量为1000~2000毫米。日本有大小湖泊600多个，河流湍急，水力资源丰富，但不利于航行。日本土壤贫瘠，主要为黑土(火山灰)、泥炭土以及泛碱土，大部分冲积土已开垦为水田，形成特殊的水田土壤。

近20年来，日本除稻米自给有余外，其他作物的种植面积和总产量逐年减少，自给率下降，进口增加。日本的农业以水稻为主，实质上是水稻农业，近50%的耕地用于种植水稻，可称为“稻作之国”，大米被日本称为“国米”。

## 第一节　土地制度和农户生产模式

日本农业经营特点不同于欧美式的大农场化，而是以农户作为经营单位，平均每户经营耕地约1公顷，经营耕地面积在1公顷以下的农户占60%，属于超小型经营方式。日本是典型的精耕细作型的小农业，土地分散、规模小，这与我国很相似。但是日本就是在农民小块土地经营的基础上，实现了农业现代化。

日本是一个狭长岛国，人多地少，耕地不连片。第二次世界大战后，日本在全国范围内实行土地改革，废除了长期存在的地主制和租佃制。将地主手中的土地划分成小块田地分给农民耕种，在农村确立了自耕农制，虽然土地规模小，但是土地是归农民所有的，给了农民很大的积极性。由于实行了土地改革，绝大多数农户已成了自耕农。当时，自耕农已占总农户的95%，其余为租借小块土地的半自耕农和佃农。后来，日本颁布了《土地法》，限制土地权利的自由转让、买卖，从而限制了土地经营规模的扩大，从一定程度上阻碍了农业的发展和提高。因此，1962年政府修改了《土地法》，逐渐允许土地租佃、借贷和买卖。由于工业和其他产业的发展，日本国民收入水平提高很快。但是，农民经营的土地规模小，生产效率低，农业收入不能维持上升的农民消费水平。因此，少数上层农户开始通过购买、租借土地扩大生产经营规模，增加收益，走向农业的专业化生产道路，发展成为专业农户。而大多数农村劳动力逐渐向其他产业部门转移，成为兼业农户。由于兼业农户的大量存在，促进了农业以外的其他产业的发展，从而导致了对农产品需要的增长，农产品价格也相应提高，反过来又促进农户的农业生产力和农业收入的增加，提高了农户的生活水平。

在日本农业实现现代化的整个过程中，始终是小规模的土地私有制经营的格局，政府从未采取过强制的办法改变这种经营模式，而是采取各种技术和方法，以适应这种小规模经营模式。例如，在农业机械化的研制和生产过程中，先设计小型小马力的农业机械，而后，再推行大型农业机械；在农业新技术、新品种推广过程中，选择那些不受耕地面积限制的技术和品种；在确定投资项目时，重点考虑那些投资小、收益快、成本低的项目，使日本农业现代化得到了迅速的发展。

## 第二节 农业生产经营的组织化

### 一、农协与农户协同生产经营

日本农协全称为“日本农业协同组合”，其前身是1900年建立的“产业组合”。日本农协以“提高农业生产力，提高农民的社会经济地位，实现国民经济的发展”为目的，是法制化的农民自主的合作组织。农协是农民自己的组织，有着“民办、民管、民受益”的特点。农协采用一人一票制的管理方式，以便充分发挥成员的民主权利。为确保农协成员的主体地位和经济利益，日本每个综合农协、每一个联合会甚至农协中的一个部都有一套章程、规约、规程。日本农户是农业经营的基本单位，每个村都有农协的基层组织，几乎把每个村庄的所有农户都组织起来，目前，全国有99%以上的农户参加了农协。农协成为一个强有力的代表农民利益的社会经济团体。日本农协包括地方性组织和全国性组织，已经形成了一个完整体系，自下而上按地域范围可分为三个层次，即市町村层次、都道府县层次和全国层次。农协主要有五项职能，即：农副产品的销售、农业生产资料和物资的采购、农业金融服务、农业保险服务以及农业管理。这五项职能，基本包括了农业生产领域的产前、产中、产后的所有与农业有关的各项服务。具体包括以下的服务内容：

1.营农指导

就是在农业生产经营过程中，农协对农户进行农作物栽培、管理、施肥、防病防虫和畜牧饲养方面的技术指导。帮助农户收集市场信息，指导生产和贩卖。对产品坚持实行规格化、包装化、标准化的监督检查，确保产品质量不断提高和增加农民收入。农协还承担了民办农业推广体系的职能，有效地促进农业技术推广事业的发展，农协通过营农指导协会与官办农业推广体系讨论并协调农业推广事宜。营农指导员则是活跃在农业生产第一线的技术普及员。营农指导员根据各个农家的实际情况，研究、制定农业生产与经营计划，推广新品种和新的作物栽培技术。为农家购置农机和设施提供咨询，并在会计业务、税务知识方面提供指导和帮助。此外，向农民提供产销信息和相关服务。因此，长期以来农民对农协的利用率很高。

2.提供农村金融服务

农协为农户办理国家对农业发放的补助金和长期低息贷款业务。此外，日本农协还建立了农林中央金库，从事会员的储蓄和信贷工作，在组织农业生产资金方面承担着重任。农林中央金库存款利率高于私人银行，吸引了很多农家存款，但是向农户发放的贷款利率一般低于银行，给了农民很大的优惠。因此，农家一旦发生资金短缺，农协是他们获得帮助的主要资金来源。农协的资金服务，使得以家庭为单位、分散经营的日本农家能以较低的利息取得贷款，从而促进了生产的发展。农协除了吸收农户储金，并对农户发放贷款外，还将农村的剩余资金投资到其他部门，以争取利润，支持农业。

3.在农村流通领域的服务

农协在农村流通领域的服务，主要包括：农业生产资料、农民生活资料的购买和农产品的销售。农协通过组织农户开展联合销售与购买，形成大批量买卖，从而能在市场上争取以较低价格成交，阻止商人在中间环节层层加价。

在生产和生活资料购销方面，日本农协通过共同采购，预约订购，送货到家的办法为农户提供服务。当农民需要什么商品时，可先向本地区的农协订货，农协将订单送到县经济联合会，再经全国农协联合会汇总后，统一购买，送货到户。购销的生产资料主要有化肥、饲料、农机、石油、运输机械、保温和包装材料等。农户生活资料的供应，则主要采取店铺供应、预约供应和展销供应。

在农产品销售方面，日本各大中小城市都有由农协直接参加或组织的农产品批发市场，而且相当活跃。同时在农产品销售中，为了提高农产品的附加价值，日本农协还建立了一批加工厂、包装厂、预冷库、冷藏库、运输中心以及地方批发市场、超级市场、商店等。农协利用自己的组织系统，及拥有保鲜、加工、包装、运输、信息网络等现代化的优势，将农民生产的农产品集中起来，进行统一销售。由于经农协上市的农产品具有统一的规格和质量要求，上市计划性强，销售量大，销售稳定。另外，经农协上市的产品，在批发市场内拍卖成交，价格对农民有利，并且几天之内就可以结算付款，不会对农民欠款。

农协为农民销售产品，收取手续费很低，是农产品销售额的1.5%~3%，与农民结成利益共同体。因此农民一般都乐意委托农协代销农产品。农协在接受农户委托销售各种农产品的同时，还充分发挥其调节供求的功能，根据市场需求的变化指导农民调节生产，而且还进一步指导农家降低生产成本，尽可能地将共同销售的利益留给农家。

此外，农协还举办或设置了许多农民个人无力购置的大型设施，包括粮食加工、育苗、育种、储藏、饲料加工设施、农机具服务站、汽车修配站、机械服务中心等等。农协不仅具有上述职能，因农协本身也是一个经济实体，有的农协还办医院和搞其他经营。所以在日本农协无处不在，无时不有。没有农协，农业生产就无法进行。

目前，日本农协也面临着一些困难和问题。一是政府的惠农政策逐步减少，对农协的扶持和支持政策也在减少。如持续了近 40 年的农机补贴于 2004 年开始取消，农民购买农机不再享受补贴，因此农民购买农机也就不仅从农协购买，还可直接从厂家采购和其他经销商那里采购，其他农用物资也存在类似的问题，因此农协在经营上遇到了竞争。二是农协组织机构庞大，层层加码，贸易流通、采购销售层层加价，现在三个层次总共加价率最高的已达 10%，基层农户和农民对此很有意见。因此，目前日本农协正在面临着改革的压力。

## 二、农户合作经营与合同制经营

早在明治时期以前，日本农户为了扩大土地生产规模，便于使用农业机械、设备，在农业生产过程中就成立了共同作业、共同利用等劳动互助组织。由于战后工业的高速发展，小农经营的农业生产率与工业收入差距不断扩大，小农经营与大规模农业经营之间的生产力差距也在扩大，因此，农业生产过程中的共同组织出现了许多新的形式，例如：开展共同利用农业机械、设备的共同利用组织；共同采用新品种、新技术，实行共同作业的集团栽培组织；委托他人耕种、收割和经营的受委托组织；畜牧业生产组织；共同投资、共同经营的协业经营组织。政府对这样的生产组织和经营模式特别支持，所以合作经营的模式取得了迅速的发展。

随着国民经济的高速发展，战后日本对农产品的需求数量大幅增加，农产品生产与加工业都需要发展，加工业资本家进入畜产品、水果、蔬菜等生产领域，与农民签订合同，采用合同制栽培、合同制饲养的方式同农户结合，形成专业化、地区化的集团栽培组织和畜产品共同组织。这种结合方式，一方面对企业来说，有利于取得较低廉的农产品原料，确保加工原料的数量和质量，实行大规模的农产品加工，另一方面，农户有比较稳定的销售渠道，不愁生产的产品销不出去，并能取得企业资金的支持，生产资料的供给和技术上的指导，可以使农户减少投入，降低成本，增加收入。这种合同制经营模式，对于扩大经营耕地面积，采用机械、设备，改进栽培、饲养技术，增加对农业的投资，加速农产品流通过程，节约流通费用，减少耗损，促进农产品加工业发展和提高农业生产率都起到了极其重要的作用。

## 第三节　农业生产的机械化

日本农业机械化的发展始于 1947 年，经过了近 60 年的发展，农业生产已全部实现了机械化，在世界居领先地位，特别是水稻生产机械化处于世界最高水平。

日本人口众多，国土面积狭小，耕地面积更是少，粮食生产始终是一个重要的问题。特别是二战后，日本政府对农业生产更加重视，通过大力发展农业机械化来促进农业的发展。日本的矿业、工业，从1955年后发展很快，超过了农业的发展。农业人口开始向工业和其他产业转移，因此，农业人口大幅度减少，对农业机械化的要求更强烈。1958年3月，日本制定了《农业机械化促进法》，促进了农业机械化的发展。1964年底，国家的农机补贴政策也开始实施。其中对农民购买水田机械实行补贴从1964年开始，一直延续了40年，直到2004年终止。40多年来，政府对农民购买机械都有高额的补贴，少则10%，多则高达50%不等，例如，农民购买的机械是1000元的话，政府会补贴给农民100~500元。如果购买的机械价格越高，越先进，政府的补贴也越高。因此，农民使用机械的积极性一直很高，大大促进了农机化的发展。

20世纪60年代以后日本经济高速增长，使得农村的劳动力大量向城市转移，从事农业的人员更加减少，机械化的发展也就更快。出现了水稻插秧机和收获机，解决了农民“大弯腰”、“小镰刀”的问题，基本实现水稻生产作业从耕耘、插秧、管理、收获、干燥到加工的全程农业机械化 。由于不断促进插秧作业、收割作业的机械化，生产力水平进一步提高，农业机械性能进一步提高，安全性、操作性更强。到1985年，日本基本上实现了农业生产的机械化，机械设备配套使用，更方便省力。大型拖拉机开始配备驾驶室、驾驶室内安装有与汽车相同的空调设备、收音机、音响装置等装备，开始追求舒适的作业环境，农业机械向更高级方向发展。

到目前，日本已经实现了高度的农业生产机械化，尤其是水稻生产的全过程实现了机械化，居世界领先水平。水田整地，一般采用旋耕机和碎土搅浆整地机，整地效果好；水稻育秧，采用大棚温室育秧，由于苗床土的缺乏，就把稻壳粉碎，然后用专用机械设备加工成育秧盘和苗床土，全部采用机械播种和工厂化育秧；插秧，全部是机械化，而且插秧机配备较多，几乎家家都有插秧机，一台插秧机平均工作不到一周；施肥喷药，一是采用射程近30米的喷雾机进行喷药和追肥，二是采用直升机和无人驾驶的飞行器。日本的水资源丰富，水稻种植几乎不用地下水，江河、湖泊众多，水利排灌设施齐全、完备；水稻收获全部采用机械，有半喂入式的4~6行的收获机，还有全喂入式的；日本的气候湿润，水稻收获时含水分高，一般要送去进行烘干处理。烘干采用水稻专用烘干机，一次烘干5~30吨不等，大的也有上百吨。其他作物生产的机械化程度也很高，如马铃薯，播种和收获都实现了机械化。

## 第四节　农业的专业化和产业化经营

### 一、农业的专业化经营

在第二次世界大战以前的长时期内，由于商品经济还未充分发展起来，一般农户都是以自给自足的生产为主，农民经营是以稻麦为中心的各种经营方式，就是在小块土地面积上栽培各种作物，主要种植稻麦。由于农业商品生产的发展，农业技术的进步，战后农户的经营已逐步转变为专业化生产经营模式。到目前为止，日本的农业专业化程度有明显的提高。主要表现在以下几个方面：

第一，生产产品的专业化。以前是一个农户生产各种农产品，或者以农业生产为主，同时从事其他与农业有关的活动，比如农产品加工等。现在则是只生产某一种农产品或只从事某一个部门的生产。例如，栽培水稻的农户，过去基本上是稻麦两茬，现在只种水稻，不种小麦。旱地栽培不再依靠轮作来维持地力，主要依靠多施化学肥料和农药来维持地力，因而使土地肥力有所下降。畜牧业生产，以前是农民饲养猪牛羊各种牲畜，现在也是专门饲养某一种牲畜。果林、蔬菜、养蚕、养禽、烟叶、茶叶及设施园艺部门也都实行了专业化。

第二，区域生产专业化。由于各地区的自然条件和经济条件不同，在市场价格的变化过程中，各地区农户为增强市场竞争力，只有利用各地区的特殊条件，发展各地区最有利可图的农产品商品，谋求农业经营的合理化，提高农业生产率，增加农业收入。这样，各地区根据各地的自然条件和经济条件，安排生产，实行区域专业化生产。例如，东北、北陆地区主要生产稻子，其中滋贺、富山、长野等地成为稻米的单作地区。在工艺作物方面，如青森县的苹果，山梨县的葡萄，爱媛县的柑橘，鸟取县的梨，以及北海道的洋葱、马铃薯、畜牧业都占全国同类产品的很大比重。

第三，作业专业化。作业专业化是指一个生产单位只完成产品生产过程中的一个环节或某一项技术活动。如种植业中，日本有的农户专门从事种子生产，称为制种户。畜牧业的作业专业化更加普通，一些农户只从事畜禽的繁殖或孵化，另一些农户则专门从事畜禽的育肥及蛋、奶生产等等，生产的各个环节，分工明确。农业机械化服务、维修、耕地作业等环节中的专业化程度更高。

日本农户专业化生产给农业发展带来了极大的好处。它根据农业生产的地域特点，因地制宜地确定了专业化方向，有利于合理利用当地资源；有利于推广科学技术，提高农艺技术水平；有利于提高资金的利用率，集中资金发展生产；有利于提高农产品商品率和劳动生产率，降低农产品生产成本。

## 二、农业的产业化经营

日本通过建立完善的农产品市场体系，发展农协组织，较好地解决了小农户分散经营与大市场、大流通之间的矛盾，提高了农民的组织化程度、社会化服务水平和农业产业化经营水平。特别是农协组织成为政府与农户之间、市场与农户之间的纽带和桥梁，在农业产业化经营中发挥了关键和核心作用。

日本农业产业化主要类型有两种，一是合同制。这是农工商一体化最主要的形式，广泛存在于现代农业国家中，农场或农户与有关工商企业通过合同联系起来，农场向工商企业提供农产品，企业向农场供给生产资料、技术和贷款。二是以农协等合作组织牵头，组织农业生产资料生产、供应和农产品收购、加工、储藏、运输、销售等。把前一种形式叫做龙头企业 + 基地，后一种形式称为协会 + 基地。他们的做法如下：

1.龙头企业 + 基地

这种方式以枥木县可果美加工厂最为典型。他们的主要做法是：

第一，面向市场，不断调整产品结构，拓宽加工领域，扩大加工规模。该工厂 1919 年建厂，通过在市场中近百年的成长，不断发展壮大。起初主要加工色拉酱，占总产量的 90%左右，目前已发展成为色拉酱、麦茶、食品等多个品种。原料以番茄、胡萝卜、苹果、蔬菜为主。工厂的生产宗旨是健康、营养、快乐，产品方向是朝着优、全、便、健的方向发展。

第二，利用高精深的加工技术，提高效益。加工技术全部采用现代化技术，整个加工过程由电脑操作系统控制，生产率高，效益好。

第三，完善流通体系建设。工厂在国内和国外都设有直销店，将产品销往国内外。

第四，合同制服务，带动基地建设。可果美加工厂为了稳定原料供给，走产业化之路，与农户签订生产合同，提供一条龙服务，建立原料生产基地。合同内容主要包括：约定种植面积、价格、期限；工厂每年根据上年度的销售情况，确定今年的生产情况，签订年度合同，叫做以销定产；根据农林水产省确定的品质规格，分色泽、含糖量、大小、病虫害情况等签订合同；责任分担，包括检查、报告义务等。可果美加工厂为更好地提供服务，他们分关东地区和中部地区两片，设立原料事务所，提供各项服务。从产前提供种苗，产中技术指导服务，到产后收购提供一条龙服务。整个过程手续费全部由工厂承担，农民按合同价格得到收入。龙头企业的强劲带动，促进了经济的发展。

2.农协 + 基地

这一类型的农业产业化是通过各级农协组织农民合理调整产业结构来建立生产基地，如栃木县围绕东京圈发展生鲜蔬菜、肉奶蛋类等产品。农家所生产的产品通过农协输送到批发市场，由批发市场出售到消费者手中。他们的做法是：

第一，完善市场服务体系建设。以东京都中央批发市场为例，该市场为完善运行机制，1923 年制定并形成了中央批发市场法，目前东京都设有 11 个农产品市场。市场从国内外各地聚集齐备大量的、多种类的产品。在农产品市场上，以拍卖原则为交易的基础，为了能依据买方给出的最高价格，即时地定出该物品的价格，市场应能够迅速地决定能反映当日供需关系的公正价格。将物品分割成容易购买的数量和体积大小，尽快卖给前来市场进货的为数众多的零售商。由于在同一地点进行大量的物品交易，可以节省在流通中花费的运费等流通费用。市场上当日公布进货数量和批发价格，防止了交易的混乱。

第二，市场辐射，带动生产基地建设。农协合理的市场组织流通形式，强大的市场带动，促进了各类生产基地的发展，推动了产业化进程。

## 第五节 日本的“一村一品”运动

### 一、一村一品运动产生的背景

所谓“一村一品”运动，就是倡导每个村庄都生产一个以上的特色产品，以振兴地方经济。这里的品不单指农产品，也包括特产、文化产业和旅游产业等。这场运动始于1979年，由当时的大分县知事平松守彦发起。当时之所以发起“一村一品”运动，是由于以下几个原因：当时城市发展很快，吸引农村青壮年人口流向城市，留在农村的多是老人、妇女和儿童，造成农村地区人口稀少，失去活力；城乡差距越来越大，农村的基础设施、文化教育事业、生活条件以及农民收入远远落后于城市；大分县地理差异较大，各村气候不一样，条件也不一样，为了挖掘各地区的潜力，调动活力，必须振兴符合本地区的产业。

大分县耕地少，每户农民平均只有0.3公顷土地。当时主要的农作物就是水稻，仅仅能够维持温饱。大分县有一个地方——大山町，是大分县最贫穷落后的，其面积78%是山林，只有7%左右的面积是耕地，各方面的条件都比较差。大山町的町长矢幡治美发现，种水稻一年只能一熟，种梅子和板栗产值高效益好，还可以开展加工，进一步增值，可以使一年四季都有收入。靠农产品的加工，农民也可以像工人一样每月有收入。矢幡治美还派村民去以色列考察、学习、研修，带回了先进的农业生产技术和管理经验，更带回了宽阔的眼界。在他的带领下，大山町面貌发生了巨大的变化，1972年实现了村民去夏威夷旅游的梦想。

1979年，平松守彦当选大分县知事后，推出一村一品运动，提出各地向大山町学习，所有58个市町村都做出特色，每个地方尽可能生产有自己特色的产品。20世纪70年代末80年代初的日本提出放权，政治、经济以地方为中心，以地方为特色，所以一村一品运动正好符合这个要求，一经推出，迅速引起很大反响。由于政府引导，大分县民众也更加认同一村一品运动。

## 二、一村一品运动成效

一村一品运动给大分县带来了生机和活力。例如，大分县产的干香菇从质量到产量都是全日本第一。2001年的产量为1425吨，占全国市场份额的29%。味道甘甜的温室蜜橘的生产也颇具规模，2001年的产量达5630吨，占全国市场份额的9.2%，居全国第4位。还有非常有名的丰后牛，其肉质鲜美，在2002年日本全国评比大会上获得了冠军。日本的一村一品运动非常注重产品的质量和品牌，重点开发附加值高的产品，从而达到振兴地区经济的目的。当然，选择和培养什么作为本地区的特色产品，这完全由当地居民自主决定，一个村子可以推出三品，两个村子也可以推出一品。政府只是从技术和市场开发等方面给予支持。

从2002年大分县开展一村一品运动的情况来看，最多的是开发土特产品，其次是建设地方设施，再次是地区文化。单从全县一村一品的土特产品来看，品种已由1980年的143种增加到了 2001 年的 336 种，销售额从 359 亿日元(100 日元约等于 7.26 元人民币)增加到了 1410 亿日元。而且，大分县通过开展一村一品运动大大提高了其国内国际知名度。大分县的别府市，每年都要接待 1000 多万名游客。一村一品运动的先进地区，全国知名的汤布院町，人口不足 1 万人，但是每年却有 380 万人的游客前来旅游，大大推动了当地经济的发展。几乎每天都有国外要人以及来自各个国家的考察团前来大分县考察一村一品运动。一村一品运动为大分县的国际化做出了巨大的贡献。

现在，随着新形势的发展，日本的一村一品运动有了新的发展，一是做法上的调整，不再是一市町村一品，而是一个县搞一品，以整合品牌,提高当地农产品的市场竞争力；二是加入了安全放心农产品的内涵，满足消费者对农产品质量安全方面的要求；三是提高农产品内在质量水平，使农产品口感好、品质高，以应对海外农产品大量进口对日本农产品的冲击。现在，大分县开展了农产品认证制度即安全优质农产品认证，设计发布了专用的安全优质农产品认证标识，目的是创大分县名牌农产品。

## 第六节　农业管理体制和农业扶持政策

### 一、一体化的农业管理体制

日本是实行地方自治的国家，政府机构分中央政府和地方政府。在地方政府中，又分都、道、府、县和市、町、村两级，它们都是自治体，没有上下级关系。中央政府设农林水产省(日本内阁所包括的 12 省之一，为中央机构)，其前身是成立于 1881 年的农商务省，先后改为农林和商工两省、农商省、农林省等，从1978年起改为现名。它在各地有各种派出机构：地方政府中，都、道、府、县一级设有农林水产部，市町村一级根据所在地的经济类型，或单设农林水产课，或和工商管理合一设产业课。农林水产省及其体制是依据日本国家行政组织法和农林水产省设置法建立的。日本农林水产省的主要职能是：促进农林水产业的稳定发展，进一步发挥农林水产业的作用；保障农产品的正常供给，不断提高国民的生活水平，推动农林牧渔业及农村、山村、渔村的经济、文化建设与振兴；保证国家的产业政策、区域政策、高技术开发及国际合作政策的实施。

农林水产省对农业的产供销实行一体化管理，全面负责农产品的生产、流通、加工、进出口以及农业生产资料的供应；执行这些职能时，有相应的法律、经济、行政等多种手段，因此工作效率较高。农林水产省根据经济发展的变化，也在不断调整机构，转变职能。

2001年1月日本中央政府完成了机构改革。改革后的农林水产省有公务员3万人，其中农林水产省本部4500人。农林水产省由大臣官房、综合食料局、生产局、经营局、农村振兴局、地方支分部局、农林水产技术会议、审议会、事业单位管理机关等9个内局，粮食厅、林业厅、水产厅等3个外局组成。农林水产省依法履行一体化管理职能：管理全国农林水产品的生产、流通、贸易各个环节，并且负责农业支持保护、农村振兴等管理任务。

## 二、农业科研教育和技术推广

日本在全国建有由国立和公立科研机构、大学、民间(企业等)三大系统组成的农业科研体系。但是政府的科研投入是最大的，农林水产省的29所国立研究机构是研究开发工作的骨干力量，其中农业 19 所、林业 1 所、水产业 9 所，并与地方和民间机构紧密结合进行。国立机构的研究人员与科研经费都约占总数的 10%。地方公立机构的研究人员占总数的 25%，科研经费接近 30%。近几年里，大学、民间机构的研究人员与科研经费增长迅速。

农业技术的推广服务主要通过政府的农业改良普及事业和农协进行，从中央到地方形成了一套完整的体系。为了加强农业基础和向农村注入活力，日本 1991 年对《协同农业普及事业指南》进行了全面的修改，把加强推广组织和提高推广人员的素质放在首位。1994 年，政府拨款的技术推广经费 352 亿日元，占农业预算的 1．2%。此外，还通过各种传播媒介开展农业推广工作并开设了科研成果陈列室，作为及时提供科研成果信息的窗口。

高素质的农户接班人问题是农业可持续发展的一个重要内容。这包括两方面：一是现在经营较好的农户的继承人的培养，很多是送到县级的农业大学；二是现在的经营规模和效益一般，但热心农业，有发展前途的户主（年轻人），日本称为“认定农业者”，给以重点培养，普及员指导到户。国家在“农业近代化资金”中专列了一项“认定农业者育成推进资金”，用低息贷款（年利 2.1%）的方式借款支持其发展。当然，认定要经过市、町、村推荐，并征求改良普及中心意见后，上报到县农政部认定。

## 三、政府的农业信息服务

日本农业信息化程度较高，建立了完善的农业统计和产量预测系统。主要农作物生产状况调查和产量预报分别由农林水产省和地方农林水产部门独立进行。农林水产省的生产调查和预测结果对国家负责，是中央政府发布农产品生产状况和产量预报的依据，各地方农业部门的生产调查和预测只对当地政府负责。农林水产省在各都、道、府、县依据农作物种植面积直接设立农林水产事务所，全国共设立300个。现以水稻生产为例，简要介绍日本主要农产品生产量的预测体系、运作程序、结果发布程序。

第一，农产品生产量预测体系 。日本的水稻生产调查和预测分四个阶段：一是制订调查标准和选定调查基点；二是通过巡回调查或实地调查获取必要的数据资料；三是对数据资料进行总结分析，与历史资料进行比较，从而做出水稻生长发育状况及产量预报；四是将预测结果向有关部门和社会公布。

第二，农产品预测结果发布程序 。从当年7月至第二年2月底，农林水产省向全国发布6次农林水产预测公报：7月15日为生育期信息，8月15日和9月15日为作物生长态势和作物种植面积信息，10月15日为种植面积与预期产量信息，12月15日为全年水稻产量结果公告。第二年2月底前公布不同品种、不同区域水稻产量信息。一是产量在全国排名前10位的品种及产地，二是各都道府县水稻种植面积、单产和总产量信息，三是水稻主产区产地、种植面积和总产量信息。

分布在全国各地的事务所将这些得到的资料数据通过专用内部网络报送到农林水产省统计情报部，统计部门进行综合汇总，进行对比分析，得出预测和统计结果后向外发布。预报结果由农林水产省向国会负责，各地农林水产部门所得资料及预测结果只适用于当地，不影响农林水产省的预报结果。

预报结果主要用于以下6个方面：供需计划基础资料，米价审定参考资料，稻作技术指导基础资料，农业公用事业基础资料，国民经济计划基础资料和其他政策改进基础资料。

## 四、农业扶持政策与法律

虽然农业在日本国民经济中的比重很低，但日本政府一直强调国家食品安全，高度重视对农业的支持和保护，通过制定农业法规，把国家对农业的支持和保护法制化、规范化。

日本政府根据农业发展各个时期的需要，通过经济立法把各种政策、目标和经济措施法律化。立法范围涉及广泛，如《农地法》、《土地改良法》、《农业改良促进法》、《农业机械化促进法》、《种子法》、《批发市场法》等等都为日本农业的发展作出了贡献。光是关于农业机械的法律就有许多。由于日本农业机械的广泛和大量使用，带来了农机使用和道路、田间行驶的安全问题。1965年日本农林省开始实施农作业安全对策纲要，1969年又制定了《农作业安全基准》和《农业机械安全装备基准》，从农业机械的制造到使用和管理都很规范，农机化健康发展。1976年，农林省制定了《农业机械安全设备确认对策纲要》，开始对农业机械进行安全鉴定和安全管理。为了普及机电液一体化技术的农业机械，日本于1984年还对购买机械的农民在税收上给予优惠政策。

《农业基本法》曾经是实现农业现代化的重要法律之一，1999年7月日本国会颁布了新的《食品·农业·农村基本法》，简称《新基本法》，废止了1961年制定的《农业基本法》。《新基本法》的基本内容主要包括以下四个方面：一是强调确保国内粮食安全，努力提高粮食和食品的自给率；二是强调农业和农村的多功能性，加强对农业的支持与保护；三是强调农业的可持续发展，充分发挥农业的生态、环保和文化等功能；四是强调振兴农村经济，促进城乡协调发展。

## 五、政府对农业的资金支持和政策调整

由于日本农业资源紧缺，农户生产经营规模小，虽然农业现代化、社会化服务水平高，但日本农产品价格普遍高于别的国家农产品的价格，日本的农产品在市场上没有竞争力。为了保护农民的利益，促进农业持续稳定发展，日本政府一直采取对农业的高额补贴政策。此外，政府还积极调整种植结构，提高本国农产品市场竞争力。重点是适当减少相对过剩的水稻种植面积，增加大豆和小麦种植面积。因此，政府除了对大米进行价格支持外，还对大豆和小麦进行财政补贴，进行价格支持，主要有以下的支持政策：

第一，小麦价格支持政策。为推进种植业结构调整计划，压缩稻谷生产，促进小麦生产，日本政府对小麦生产采取高额价格补贴政策。政府按照前 3 年小麦平均生产价格和物价确定政府收购小麦的价格。对政府收购价与进口小麦市场价格之间的差价，由政府财政给农民提供价格补贴，或者由麦作经营安定补助基金给农户提供直接的价格补贴。2000 年政府小麦收购均价 7353 日元 /50 公斤（大约相当于人民币 11 元 / 公斤），而政府小麦销售均价仅 1923 日元 /50 公斤（大约相当于人民币 3 元 / 公斤），其差价全部由财政补贴。

第二，大豆价格支持政策。日本政府建立大豆交付金制度，由国家财政支付交付金。国家按照前 3 年大豆生产平均价格确定补助基准价。参加大豆生产经营安定计划的农户，按上一年大豆产量、补助基准价的 3%，交纳风险基金。政府动用交付金按农户交纳风险基金的 3 倍出资共同建立风险基金。当年生产价格与补助基准价的差价，由风险基金直接给农户提供差价 80%的补贴。

日本政府近40年来实行的农业保护政策对农业发展起过重要作用，但也存在不少问题，虽然对小麦和大豆等实行价格支持，但是由于长期过于偏重大米的价格支持，影响了农业生产的全面发展，造成沉重的财政负担，国内农产品价格远远高于国际市场价格，农业失去竞争力，影响农业成为自立的产业。面对新的国际形势，日本政府对农业政策进行了适当调整。《新基本法》在宗旨、粮食政策、农业政策、农村建设等方面做了重要的修正，但是为了达到保护日本国农业和农民利益的目的，日本继续强调政府对农业的支持和保护，但支持方式将根据WTO规则发生变化。

日本政府大量增加农业投入，但主要用于公共事业，如对农村的基础建设，兴修水利等等。农业基础设施建设投资比重有明显的提高，农村基本建设投资占农业投资的比重，由1980年的29.5%提高到1995年的49.1%。此外，农业融资事业，主要通过农林渔业金融公库资金对经营结构改善、土地改良等事业进行低息贷款，国家对农协开展农业现代化、救灾等低息贷款业务。1993~2002年间，对土壤改良计划的总投资为41万亿日元，主要包括农田水利、道路建设、国土保护、防灾、开垦和农地开发等事业。为帮助农民减轻债务负担，发展生产，政府设立500亿日元的融资规模，以低利率贷给农民，让农民借新债偿还旧债。日本政府还对农业保险事业给予支持和保护，政府特设了农业共济再保险特别会计账户，以确保县级农业共济组合联合会支付保险金的能力。此外，日本的工业向农业提供各种质量高价格低的农业生产资料（比如各种农业机械、农业用具等），显示了工业对农业的支持。政府控制农业生产资料价格，有利于农业发展。

## 六、强调农业可持续发展，大力发展环保型农业

第二次世界大战以后，日本经济发展很快，由于侧重工业发展，发生过较严重的污染事件，使农业生态环境遭到一定破坏。随着国家环保法律的实施，日本开始大力推广环保农业。日本的水田农业已有2000年的历史，实践证明，水田农业具有涵养水资源、防止洪水和土壤流失、控制地下水污染及净化水质等功能。因此，日本把发展水田农业作为发展环境保护型农业的重要措施。日本政府在1992年制定的农业“新政策”中指出，要充分利用和保护农业和农村所具有的国土保护和环境保护的机能。有研究证明，水田的环保功能所贡献的价值，比水田生产的水稻总产值还高。国家广泛的教育、宣传使国民的生态保护意识大大提高。通过种种措施的实施，使得日本在农业生态保护特别是稻田生态保护技术方面处于世界领先水平。

第一，日本制定了很多法律政策，为水稻创造良好的生长环境 。水稻生长离不开土壤、水分、大气等外部环境，保护水稻生长的外部环境，是搞好稻田生态保护的基础。日本早在20世纪50年代就制定了环境保护法规，严格限制污染严重的企业立项、投产，工业废水、废气、废渣必须经过无害化处理才能排放，而且做到上、下水分流，污水不排入江河。经过半个世纪的努力，日本森林覆盖率已经达到65%，看不到裸露的山、地，河水清澈无泥沙、空气清新无污染。稻田所处的土壤、水质、大气环境非常好。

第二，日本还大力发展水田生态保护技术。一是加强基础研究。各个地区根据本地的资源条件，开展抗病育种、抗虫育种选育工作。例如，育稻专家在发现水稻能产生一种分泌物，而且这种分泌物能杀伤稻飞虱卵，便利用水稻的这种特性培育

出抗稻飞虱的水稻品种，此外还有其他很多优质品种，如云母397（北海道）、朝日之梦（爱知）等。抗病虫品种的培育，从根本上解除或减轻了病虫危害，减少了农药施用量。优质抗病虫品种，是对自然环境的最好适应，也是稻田生态保护技术的主要内容。二是结合实际，推广先进适用技术。各地结合本地实际，制定推广方案，大力推广先进适用技术。有的地方，以家畜粪尿等有机物施肥，有效地利用化肥、农药，且通过逐步减轻土地对农药化肥的依赖，既提高了生产效率，又实现了环保的目的。一些具体的技术有：造肥技术、堆肥等有机肥施用技术、绿肥利用技术；降低化肥施入技术，采用局部施肥技术，将化肥集中施于利于根部吸收的位置；调节化肥成分、溶解度等；有机肥料的施用技术；化肥、农药的减量技术，推广机械除草，推广轮作，采用稻田养鱼等。

第三，在发展水田生态保护技术时，政府不但为农民提供技术服务，还提供很多政策支持。都、道、府、县和市、町、村政府、推广站及农业团体，为消费者提供农业方面的知识和目前的环保农业信息，已得到农民对本县农业的理解和支持；都道府县、市町村及农业团体密切协作，推动有机肥利用等技术的开展。凡采用环保技术的农户可以申请农业改良资金的特殊贷款，且在一般规定的借贷期基础上，可延长偿还期5年，并能增加贷款金额，没有贷款利息，这些贷款，主要用于支持造肥技术、减少化肥和农药使用技术等。对于推广降低农药、化肥使用技术以及采取相关机械措施的农业服务部门，当年可减免7%的税收等等。

第四，目前日本从中央到各都、道、府、县乃至于市、町、村，都制定了相关的环保推进政策。政策的目的是将农业作为可持续发展的产业。日本爱知县在生态保护的技术推广等方面处于全国领先地位。1994年该县的农林水产厅制定环保农业方针，普遍采取有机化肥料，降低农药，推广生物防治等技术，在爱知县的80个市町村中，都按照县定的方针，结合本地实际，制定了辖区内的法规，例如爱知县于1999年11月出台了《关于引进高水平可持续性发展农业生产方式的规定》后，各市町村也都制定了相应的技术实施方案。这样，各级政府实行政策联动，为稻田生态保护提供了一个全面、系统、有效的法律保障体系。

第五，日本还大力改良水稻的品质、减轻污染程度、降低生产成本，鼓励生产“绿色”优质大米。如北海道的长沼町政府为适应新的农业发展需求，与农协共同出资25亿日元，建设集收储、加工、销售为一体的大型“米馆”。可以收储全町60%以上的稻米，集中收储市场畅销的三个生态型优质品种，与农协、农户一起制定相关的质量、价格策略，确保购得进、销得出。稻米经过精选后，精品包装上市，次品开发米粉等，稻壳用于农田土壤深层改良，用于垫圈发展牧业，加工酒精、醋酸等工业原料，稻壳还可以加工成炭粉，作为融雪剂（北海道降雪多）。形成了一个完善的加工、储藏、流通及综合利用体系，消除了“绿色”优质稻米生产农户的后顾之忧，促进了当地优质稻谷生产的稳定、持续发展。

# 第八章　印度农业经营与管理

印度位于亚洲南部，在南亚次大陆的印度半岛上。东北部和西北部与我国接壤。国土面积 297.47 万平方公里，居世界第七位。总人口 10.27 亿，居世界第 2 位。城市人口约占 27%。全国共设 25 个邦和 7 个中央直辖区。首都是新德里。

作为世界主要农业国之一的印度，农业占国内生产总值的 1/3。全国 10.27 亿人口中，有近 7.3 亿人生活在农村，直接或间接以农业为生。正是因为农业对国民经济、人民生活和社会稳定举足轻重，历届印度政府无不将农业置于经济发展的重要位置。"绿色革命"改变农民的命运众所周知。

印度拥有令世人羡慕的土地资源，耕地面积占国土面积的一半以上，其可耕地面积居亚洲之首，世界第二，多达 1.7 亿公顷，约为中国的两倍。

印度全境大致可以分为北部高山区、中部河流平原区、南部德干高原区和西部塔尔沙漠区四个部分。中部河流平原区是由印度河、恒河和布拉马普特拉河及其支流冲积而成的印度河——恒河平原，地势平坦、气候适宜、土地肥沃，有着丰富的水利资源，自古以来就是印度经济最发达的地区，也是印度农作物的主要产区。

印度的河流较多，主要河流有恒河、印度河和布拉马普特拉河，其他主要河流还有纳巴达河、哥达瓦里河、朱水拿河和马哈纳迪河等。印度大部分地区属于热带季风气候。雄伟高大的喜马拉雅山脉耸立在印度北部边缘，挡住了来自亚洲大陆的寒风，使印度免遭寒流的袭击，形成一个独立的自然区。全年共分四季。1月至2月为凉季，3月至5月为夏季，6月至9月为雨季，10月至12月为东北季风期。北方气温最低为15℃，除北部高山区外，印度几乎没有霜期，一年四季均可生长植物。印度耕地将近三分之一处于雨量充沛的地带。总的来说，大自然为印度农业发展提供了令人羡慕的条件。大部分地区庄稼一年可以两熟，在南部一些地区可以三熟。主要农业季节有两个，一个是每年4月播种，9~10月收获。在这个季节主要播种作物有水稻、黍、玉米、棉花、甘蔗、黄麻和花生；另外一个农业季节是在凉季播种，第二年3~5月间收获，主要播种作物有小麦、大麦、豆、油菜等。

印度曾遭受过长达近200年的英国殖民统治，沉重的田赋使大量农民过着饥寒交迫的生活。在一些地区，大量土地荒芜，灌溉系统遭到破坏，农业日益衰落，在独立初期，印度农业几乎崩溃。独立后，政府采取了一系列政策措施发展农业，现在农业已经有了很大的发展。

## 第一节　土地经营制度和农业生产方式

### 一、土地经营制度

在殖民统治时期，印度的土地制度是大地主所有制。其中一种制度规定，土地归国家，一部分人作为国家和土地耕作者之间的中间人，他们负责征收地税，并将税收的10/11上交英国，剩下1/11归自己所有。这样使得这一部分人成了拥有几千、甚至几十万英亩土地，靠坐收高额地租为生的大地主。这部分“中间人地主”占印度农村总人口不到1%，却占有农村土地的43%，并且由于辗转租佃，形成了一连串的二地主、三地主等等。另外，印度还有一种土地制度，就是政府直接把土地租给农民，农民直接向政府交纳地租。租佃期一般为 20~30 年。在这种制度下，虽然少了中间地主的层层盘剥，土地却主要被村社上层分子和有很大权利的村社社员占有，他们享有永久租佃和转租的权利。英国殖民者制定的土地制度，越来越加速了农民的两极分化，土地越来越集中在少数地主手里。

印度独立后，政府成立了土改委员会，负责实行土地改革。政府首先废除了中间人地主制度，由政府提供高额补偿，把“中间人地主”的部分土地接管过来。从 1953 年起，印度各邦开始实行租佃改革，租佃改革法案宣称：“佃农对持续耕种的租田享有永久租佃权，地主不得驱逐佃农。”这就防止了地主任意更换佃农，保障了稳定的租佃关系和佃农的土地所有权。同时，租佃法案对地租进行了调整，以防止地主任意索取高额地租。1961 年底，印度政府要求在各邦实施土地持有最高限额法案，就是规定个人持有的土地不能超过一定的限额，超过的部分由国家征收，并交给村评议会分配给无地、少地农民或由“农业合作社”耕种。经过土改后，印度已经基本上不存在占地上万英亩的大地主和层层转租的状况，产生了一大批自己经营或雇工经营的中小土地所有者。但是目前，土地所有权仍集中在少数人手里。一项印度官方的抽样调查表明，占农户总数 1.6%的大农户掌握了 17%的土地，佃农与半自耕农占到 23%，而占总数 50%的最穷的小农只拥有 1%的土地。不仅如此，一些小农还不断丧失土地，最终不得不加入无地农民的队伍。很多人靠到农场打工为生，成了农业工人。目前，无地农民占全国农业人口的 35%。

## 二、农业经营方式

印度虽然有一些现代化的资本主义农场，但是小农经济还是占绝对的优势，每个个体农户的经营规模较小。有人主张推行农业生产合作社，认为生产合作社有几个好处：可以将小块土地合并成大块土地，便于用现代化、机械化的耕作方法；可以把有限而分散的财力物力集中起来使用，能发挥最好生产效果；可以安排农村中剩余劳动力修水利和搞副业。印度的农业生产合作社有四种类型：

第一种是租佃合作社。这种类型的合作社有自己的土地(一般是土改时政府托付给合作社的)，它们将土地按合同分租给许多无地农民，并给农民提供贷款、种子、肥料和农用工具等，还为社员代售农产品。社员按规定向合作社交纳税金，但是生产的农产品都归农民自己所有。

第二种是公共合作社。社员将土地交给合作社，自己变成无地劳动者，牲畜和其他生产资料作为股份入社；社员除领取工资外还可分到一些产品。实际上这种合作社就是一个大农场，机械化程度较高。农场的管理工作有专门的管理人员负责。

第三种是改革合作社。这是为了学习和运用先进耕作方法而组织起来的合作社。社员一块劳动，如犁地、除草、收割等。每个社员可以自由支配自己的土地，也可以随时加入或退出合作社。因此，改革合作社又叫服务合作社。相当于我国的农业互助组。

第四种是集体合作社。在这种合作社里，农民将自己的土地集中起来，变为统一的农业区域，集体耕种，土地的所有权还是属于农民自己所有。社员根据自己的土地和劳动分得产品。

印度政府大力鼓吹农业生产合作社，认为印度农业最终将以合作社的形式组织起来。但是，印度发展农业合作社的效果很差，主要原因是政府措施不力，一般合作社资金缺乏，工作人员素质不高，社员之间也缺乏合作精神。

从“一五”计划开始，政府就鼓励建立农业生产合作社，但进展却十分缓慢。现在只有极少数的土地是以合作社的方式经营，而且，其中有一些合作社有名无实，真正搞得好的合作社为数不多，有的成立一两年就垮台了。有不少合作社是由富裕农民组织起来的，他们自己很少劳动，而主要由农业工人来耕种，实际上这是一些资本主义农场。有些大地主为逃避“土地持有最高限额”法令，把自己的土地分成几份，由自己的家属成员分别经营，所有的家属组织起来，组成合作社的形式，共同经营。

可以看出来，印度的农业生产合作社并没有什么大的发展，将来短时间内的发展也有限，因此，印度的农业生产还会以小农生产为主的方式存在。

## 第二节 农业合作组织

千千万万的印度小农户面临的问题很多：土地面积过小，购买力弱，没有能力进行技术投入，缺乏获得信贷、市场、电力和其他基础设施建设资金的合适渠道。此外，分散的小农户，在农产品市场上势单力薄。农民通过合作社组织起来，可以帮助解决这些问题。印度的农业合作社除了上面介绍的农业生产合作社外，还有多种类型。主要的有以下几种：

第一，农业信用合作社。信用合作社有两种，一种是为社员提供中期、短期贷款服务的，叫信用合作社；另一种是为社员专门提供长期贷款服务的，叫土地开发合作银行，主要业务是为社员提供兴修水利、改良土壤、购买大中型农机具贷款。

第二，农业销售合作社。主要业务是供应农民所需要的化肥、种子、农药、农具等生产资料，同时帮助农民推销农副产品，开展农产品加工业务。销售合作社的主要目标是保证合作社成员的农产品能在市场上以较高的价格售出。销售合作社又分好几类，有的专门从事化肥等农业生产资料的销售，有的只销售某些特殊的农产品，如水果、蔬菜、棉花、烟草等。

第三，加工和仓储合作社。承担农产品加工业务，加工合作社主要从事蔗糖的加工、棉花及羊毛的加工和精纺以及稻谷和牛奶的加工等。

农业合作社是印度政府实现农业发展规划的重要手段。农民通过合作社，组织起来保护自己的利益。

印度的农业合作社有以下几个特点：

第一，入社自愿，民主管理。合作社的理事会由社员大会选举产生，每届任期多为5年，社员大会通常每年召开一次，审议合作社的工作。

第二，民办官助。合作社是民间自发组织的，但是政府对合作社也是十分重视，在组织上和经济上给予支持，包括培训、补贴和资金援助，帮助合作社发展生产、加工、销售等事业。

第三，以加工企业为核心，发展农村工业，取得良好的效果。加工的利润丰厚，同时还得到政府的重点扶持。牛奶的收购、加工和分配系统也很有特色，在推进发展奶业的“白色革命”，提高人民营养水平中起到了积极作用。

印度在发展合作社中也存在一些问题：基层合作社的规模小，力量薄弱，服务农民的能力受到很大限制；政府的行政干预比较多，政府一方面对合作社投资，同时又从合作社拿走一定的红利，据说，经济状况越好的合作社，受到政府的干预也越多，影响了农民办社的积极性；地区之间以及社与社之间的差距很大，多数农产品不分等级，加工深度不高，农民不能获得应有的利益。

## 第三节 农业科研教育和技术推广

40 年前，印度东部发生了一场特大旱灾，造成农业大幅度减产，引发严重的饥荒，整个国家靠吃进口粮过日子。这使得印度当局清醒地认识到粮食安全对印度这样一个人口大国的重要性，于是，一场轰轰烈烈的“绿色革命”随之在全国农村兴起，直到现在仍势头正盛。“绿色革命”实际上是一项庞大的、以科技为导向的农业综合发展工程，其核心思想是通过推广高产优良品种，扩大灌溉面积以及发展农业机械化等一系列措施，促进农业现代化，实现作物特别是粮食生产的稳产高产。可以说，科学技术的开发、推广和普及是“绿色革命”取得成功的关键。

20 世纪 60 年代中期“绿色革命”刚刚开始，印度政府便建立起从中央到地方的多层次的农业科教和技术推广网络。在中央一级，农业部下设两个专门负责农业教育与科研的机构，一个是农业研究与教育局，另一个是印度农业研究委员会。前者负责协调农、牧、渔业各科研院所的研究、教育活动及国内外合作事项，而后者则从事基础和实用技术的研究与开发，同时负责农业教育及高新技术的鉴定和推广。

印度各级政府对农业科研和教育都非常重视，各邦（相当于我国的省一级）农业部门领导的 60 多个研究机构组成了地方农业科研系统，各邦所属大学的校长全部由邦长兼任，经费由地方和中央两级划拨，在税收和用地等许多方面享有种种优惠。

印度农业科研首先是从培育优良种子开始的。闻名全国的旁遮普农业大学位于素有“粮仓”美称的旁遮普，该大学自 1962

年成立以来共培育出200多个农作物优良品种，而1990年培育的一种高产春小麦目前在当地小麦种植区的推广率超过了90%。

农业科学技术要转化为生产力离不开推广。在20世纪70年代中期以前，印度的农业科技推广工作是乡村工作者兼职完成的，70年代中期以后，科技推广系统由独立的各级专职人员组成。进入80年代以后，这个系统得到了进一步的重视，各邦相继成立了农业科技推广站和种子公司，其宗旨是"要把新技术的好处推广到农户、农作物和各地区"。科技推广站及时地提出引进、推广农业新技术的建议，组织农民进行田间试验，然后逐步推广。并且几乎每一所农业大学里都设置了推广部，学校还与成千上万的农户建立了固定的联系，并在这些农户的土地上进行试验。许多农民把学校看作是"庄稼医院"或"兽医站"，生产过程中只要遇到难题马上就会想到找学校。

几十年的实践证明，以科技为导向的"绿色革命"在印度的农业发展中已取得很大成效。现在，印度农业技术水平有了显著提高，高产品种面积从20世纪60年代的200万公顷扩大到90年代的7000万公顷，小麦、水稻等农作物的高产品种种植面积占总面积的比例均超过半数以上。同期，灌溉面积超过耕地总面积的30%，农用机械大量增加，世界上功率为40马力左右的拖拉机有1/3是印度生产的，绝大多数印度农场都采用这种型号的拖拉机。当然，由于印度的小农户比较多，很多农民还是靠人力和畜力进行农业生产。农业用电量增加了20多倍。同期化肥施用量从78.5万吨增加到1257.6万吨，平均每公顷施化肥70.4公斤。 印度为了增加食物来源，特别是动物性食物的来源，近十年来曾先后推出了旨在发展牛奶生产的"白色革命"和发展渔业的"蓝色革命"，取得了一定的成绩。

## 第四节　农业管理体制和农业扶持政策

### 一、政府的农业管理体制

与发达国家相比，印度农业的生产效率比较低，农业生产比较落后。因此，为加快国内农业的发展，印度近年来加重了农业生产的投入，农业支持和补贴范围十分广泛，对化肥的生产和流通、灌溉、能源以及农用物资供给等方面都有大量的补贴。印度用于农业研究的经费占国民生产总值的比重接近了发达国家的水平。

由于印度农业整体水平还很落后，农产品生产成本过高，在国际市场上缺乏强大的竞争力，而印度农业部门又关系到整个国民经济的基础和全国7亿农民的生计问题，关系到整个国家的粮食安全。因此，印度加大了国内对农业保护的力度，发动了一系列科技兴农、科技扶贫项目以及加强农村基础设施建设投入等做法，并适应加入WTO的新形势，对农业政策法律作了修改。印度中央政府和各邦政府也正在逐步对农业管理体制进行改革，联邦政府对农业生产将从具体目标的制订和下达转变到宏观管理与调控上来，变成农业支持者、联系者和服务者的角色，为各邦政府提供帮助。此外，政府对农业的管理从播种、收获到产品加工所有过程都提供服务管理，并将进一步加强农产品质量管理。

### 二、农业扶持政策

印度历届政府对农业的扶持倾斜政策对印度农业发展发挥了不可忽视的作用。“绿色革命”开始后，一系列鼓励农业发展的政策法规也相继出台并得到贯彻落实。

第一，在印度，从事农业生产基本不需纳税。印度法律规定，耕种面积不超过 8 英亩(约 48.6 亩)、年收入在 10 万卢比(约合 2 万元人民币)以内的农户，免交各项税收。

第二，对生产资料实施价格控制和补贴，特别是化肥的补贴力度很大。印度政府多年来对化肥采取价格控制政策，政府把化肥列入基本商品，对其生产、进口、运输等实行严格控制，价格由政府统一规定并实行补贴。不管是进口还是国产化肥，销售价格普遍低于生产成本，运输费也完全由政府来承担，这种补贴政策持续到 1992 年。后来化肥生产成本上升，国际市场化肥价格上涨，政府对磷、钾肥的补贴下降，主要对氮肥进行补贴。政府不但实行价格控制，还有严格的质量控制，所有不合格的化肥都被禁止生产，并禁止销售给农民。

第三，柴油、电力免费或优惠。被称为“印度粮仓”的旁遮普邦规定，农民购买柴油的款项可在农产品出售之后再支付。农业用电则采取区别对待的办法：生活在贫困线以下的农民免费用电，一般农户可免费使用灌溉用电，其他用电则享受优惠价。从 2002 年 4 月开始，印度一些地区已经废止农业用电完全免费的政策，但在收费方面还是向农民倾斜。

第四，政府出资修建农村基础设施。农村的电力、道路等基础设施建设全部由邦政府出资，农民不用从兜里掏一个卢比。在印度，农业一直面临着基础设施建设不足的问题，目前印度加大了农村基础设施建设力度。首先在 100 个最落后的县实施基础设施发展特别计划，通过修筑农村公路和建设农村通讯网、电力网，并在条件适合的地区发展计算机互联网设施，在增加粮食产量的同时促进农村各产业的发展，从而拓宽农业增收、就业渠道。印度政府特别重视改善和提高农村电力供应的质量及效率，加大对农村电力方面的投入与农村新能源的开发。

为提高现有灌溉水资源的利用效率、增强农业抵御自然灾害的能力，政府专门制定了国家水资源管理与分配方案，更加注意水利设施建设，包括水库、灌溉渠、排水设施建设等，以促进农村地区灌溉总量的增长和施灌能力的增强。印度还加快了国内农产品市场设施的建设和改善，强化了农村周末定期市场制度。为减少农产品浪费和促进盈利，政府还在农产品生产区域为农民提供制冷储藏设备，并且改善农村零售市场的管理和配置，提高市场定位和大力传播市场知识。

第五，政府实施农产品价格支持政策。农产品支持价格的制定机构，是农产品成本和价格委员会。印度农业成本和价格委员会每年都要根据各种农作物的生产成本，工农产品比价，作物之间的比价及供需状况，农民的合理利润等有关要素进行分析，然后确定其最低的支持价格。政府以该支持价格为基础，根据储存补充的需要，公布当年的粮食收购价格，使之成为该年度的粮食底价。这种做法有效地防止了在丰收年景粮价出现暴跌，避免谷贱伤农和打击农民种粮的积极性。执行粮食价格政策的机构是印度粮食公司和各邦的粮食和民用供应部门。这两个机构不仅承担政府的粮食收购任务，而且负责粮食的储藏、加工和批发供应。一方面，政府通过上述机构和供销合作社按规定的价格收购粮食；另一方面，政府通过上述机构把政府收购的粮食批发给设在各城市和乡镇的“平价商店”，再由“平价商店”按政府规定的价格零售给持供应卡的居民。这种政策保证了粮食平价供应和粮食安全，是政府对农民进行价格支持的主要手段。

此外，印度的农村社会保障制度对农村地区的稳定和农业发展也起到了重要的作用。政府对丧失劳动能力的老年农民发放津贴，向无房的贫困农民提供建房补助，中央和联邦政府还对贫困家庭子女的教育给予补贴，政府医院对农民提供免费医疗，对贫困人口购买粮食实行低价政策。

## 三、农业信贷政策

印度农业贷款来源主要有两类：一类是农业信贷合作社系统和银行贷款，另一类是私人放债。在印度独立初期，私人放债是主要的来源。以 1951 年为例，私人贷款占农民贷款总额的 92.8%。针对这种情况，印度政府采取了大力支持和发展农村信贷合作机构的政策，以抑制猖獗的高利贷活动。为实施这一政策，政府花费了大量的人力和财力，并逐步形成了农业和农村发展银行领导下的信贷合作社系统。这个系统在向农业及其有关活动提供低息贷款方面，起了很大作用。但是仅依靠这个系统的贷款，还是远远满足不了农民的需要。

20 世纪 60 年代中期以后，随着“绿色革命”的广泛开展，农业投资需求激增，农业贷款供求之间的差距随之迅速扩大。为了解决这个问题，政府对 14 个商业银行实行了国有化，后来又建立了地区农业银行和农民的服务合作社机构，这些机构参与农业信贷，向农业及其有关活动提供低息贷款。从此，印度农业信贷政策发生了另一重大变化，即从单独依靠农业信贷合作社系统提供农业贷款，转变为依靠商业银行等多种机构提供农业贷款，极大地扩大了农业贷款来源。商业银行在农业贷款领域的地位仅次于农业信贷合作社系统。不仅如此，贷款的方向也发生了重大变化，即优先向农业和农村小规模工业贷款，积极参加各种扶贫计划，直接向具体的项目和受益人(主要是小农、佃农和农业劳动者)提供贷款。多种农业贷款机构的迅速发展，有力地削弱了印度农村中的高利贷势力。

## 四、农业投入与激励机制

在这方面，印度政府农业政策选择的重点在于帮助农民提高农业生产投入的效率和质量，诸如为农民提供种子、肥料、生物保护性药品、杀虫剂、农药以及合理利率的农业信贷等。在对国家种子公司和国家农业合作团体进行调整的基础上，印度已形成一种新的种子供应体系，这对提高农业生产投入的效益将起到很好的作用。

为促进农业投资，印度政府大力提倡国家公共部门和私人资本对农业的投入，印度通过立法确立和保护印度生物品种的多样性，这将有助于鼓励和推动私营部门、私人资本对农业新品种的研究和试种的投入。印度政府还规定，除一些因为商业目的而受到特别保护的品牌种子外，对于农民一般使用的农作物种子，允许其拥有保留、交换和销售的权利。新的农业研究成果产生后，研究者的专利权便会受到保护，这也同样促进了作物新品种的研究、开发，刺激了农业科研更大的发展。

印度政府正致力于营造出一种良好的金融及贸易环境。例如发展农村信贷业，为农民提供充足的贷款，改善信贷管理，简化批准和支付手续，消除商业银行对农业和农民的信贷歧视，特别注重增加农村的小规模信贷等。又如在农村建立一套农业生产保障体系，为那些因自然灾害而遭受损失的农民提供适当补偿，加强农业生产风险管理；强化农业生产投入以及产品储备加工管理；取消各地农产品流通限制，促进农产品自由流通，利用价格机制刺激农业生产；减少农业生产经营中的过多税种等等。

### 五、农业机械化政策

为了促进农业的机械化，印度政府制定了有利于农业机械化发展的价格、补贴与贷款等经济政策。为了鼓励印度本国农机制造业发展生产，发动机、动力耕耘机、拖拉机、配套农具等产品都被置于优先发展的位置，并在原材料分配方面得到优待。银行向拖拉机和农机制造厂贷款，利率很低，90%以上的农民是通过银行贷款购买拖拉机、水泵等农机。由于执行了有效的贷款政策，加上商业银行放宽对信贷的控制，农户可取得拖拉机价格80%的贷款，使拖拉机的销售量增加很快，提高了印度农业机械化程度。

此外，印度还充分利用外资和外援，发展本国农业机械化。印度在发展农业和农业机械化方面接受的外援数量之大、范围之广、历史之长及形式之多，在第三世界各国中都是名列前茅的。印度农业接受外援的主要来源是美国、世界银行和国际开发协会。

印度农业机械通常是归个人私有或归国家所有。为了提高拖拉机和农机具的使用率，也开展联合购置和出租经营活动。一般拥有 6~8 公顷水稻田的农户联合起来购买 1 台拖拉机，除联合购买的农户自己使用外，还可租借给其他农户使用。印度政府在每个邦都设立了农机公司，农机公司除销售农机具外，也向农户出租农机具。有些邦的私人企业也开设了机器出租站和服务中心，借以补充农机公司的不足，政府会对这些私人企业提供方便的贷款以资奖励。印度政府还实行过向有资格的工程师提供贷款，并在农村建立拖拉机租借服务组的措施，这不但为工程师和技术人员提供了职业，而且也有利于农业机械化的推广工作。

## 六、农业可持续发展政策

印度政府认为，农业政策的制定与执行应当有助于环境的保护以及对自然资源——土地、水、生物包括基因资源的有效利用，有助于维护土地生态系统的稳定和有效地控制农业用地向非农业用地转移，从而最终促进农业的可持续发展。为此，印度政府对加强土地和水资源的管理都非常重视，对畜牧业用地、草场也加强了管理。在农村水资源管理和灌溉发展方面，印度政府制定了一项长期开发计划，努力实现农业用水的持续供应以促进全国 2/3 以上缺水地区农业的发展。

在生物物种和基因资源的保护、开发、利用和管理方面，印度也加大了力度。利用先进的生物技术、遗传基因，印度政府和农业部门正在开发更多的抗旱、抗病虫害、耗水少、营养价值高且能适应不同气候环境的新作物品种。此外印度政府还制定了一个有关物种的项目规划表，对生物多样性进行分类登记和管理，并采取特殊措施保护濒临灭绝的野生物种。

## 七、土地制度创新

作为一个以小农和边际农（耕种土地少于 7 亩）为主导的行业，印度农业的经营模式以及土地制度已越来越难以适应农业进一步发展的需要。印度政府意识到，土地制度改革与使用创新已势在必行，因而必须进行土地制度的再改革。新的改革内容主要包括：在全国范围内推广先进的农业发展模式；在无地农民和农村失业青年中重新分配限额剩余土地和废弃土地，并提供农业生产启动资本；租佃改革充分认识到了佃农的利益，注意保障他们参与产品分配的权利；发展土地租赁市场，以立法形式授予私人土地种植和租赁经营的权力，促进土地的规模化生产以及专业化经营；对土地进行档案登录管理，提高管理的信息化、自动化程度，对农民用地发放使用权证；提高妇女的经济地位。

# 参考文献

[1] 陈华山.当代美国农业经济研究.武汉大学出版社，1996.

[2] 刘从梦.各国农业概况.中国农业出版社，1996.

[3] 刘大昌，刘小龙.当代各国农业.山东人民出版社，1989.

[4] 中国农业科学院科技文献信息中心农业发展战略研究中心.当代世界农业.四川科学技术出版社，1991.

[5] 韩连贵.农业经营管理.东北财经大学出版社，1992.

[6] 刘志扬.美国农业专业化的发展成因与启示.经济与管理研究，2003(3).

[7] 刘欣.美国农业保险制度及借鉴.中国经贸导刊，2004(22).

[8] 许先.美国农业社会化服务体系发展的经验与启示.山东大学学报，2003(4).

[9] 陈华宁，刘伟.美国的农业教育科研体系.世界农业，2004(10).

[10] 武英耀，张改清.美国合作农业推广体制及其对我国的启示.山西农业大学学报，2003(2).

[11] 杨晓宇，孟未来. 美国农业支持和保护政策对我国的启示.农业经济，2004(11).

[12] 伍江.美国的农业保险制度.金融信息参考，2003(12).

[13] 李宏伟.美国农业研发体系及其运作.全球科技经济瞭望，2003(9).

[14] 潘建国.美国农业合作社面面观.中国合作经济，2004(10).

[15] 戴晓春.美国农业的宏观调控.南方农村，2004(4).

[16] 刘飞.法国的农业补贴政策.全球科技经济瞭望,2002(3).

[17] 乐波.法国农业合作组织及其对中国的启示.社会主义研究，2005(5).

[18] 史菁.法国农业科技研究和推广措施.全球科技经济瞭望，2004(10).

[19] 陈英.法国农业现代化及其对我国农户发展的启示.学术论坛，2005(5).

[20] 陈国秀.法国农业信息化及其动力因素分析.中国信息界，2006(2).

[21] 戴蓬军.法国农业政策的改革及启示.农业经营管理，2003(7).

[22] 林涛.法国的农业合作机制.全球科技经济瞭望，2002(2).

[23] 李海波.法国发展农业机械化的主要政策.现代农业装备，2003(9).

[24] 江剑庭.法国农业现代化的基本特征.长江论坛，2003(2).

[25] 全国人大农业与农村委员会代表团.法国农业合作社及对我国的启示.农村经营管理，2005(4).

[26] 郭作玉.法国的农业信息服务.中国农业信息快讯，2002(2).

[27] 茶正早，林钊沐，罗微.德国农业概况.热带农业科学，2002(4).

[28] 刘英杰.德国农业和农村发展政策特点及其启示.中国乡镇企业技术市场，2003(9).

[29] 黎海波.德国农业机械化的发展情况及特征.福建农机，2005(4).

[30] 谭仁忠.德国农业机械化体系考察.湖南农机，2003(4).

[31] 刘继芬.德国农业信息化的现状和发展趋势.世界农业，

2003(10).

[32] 陈新田.论德国农业现代化的经验及其启示.江汉大学学报，2005(6).

[33] 赴德考察团.关于德国农业改革及管理体制情况的考察报告.中国农垦经济，2003(3).

[34] 季任钧.澳大利亚和新西兰农业地理.商务印书馆出版，1995.

[35] 冯万玉，安玉麟，刘建设，李素萍.澳大利亚农业.内蒙古农业科技，2005(4) .

[36] 焦必方.日本的农业、农民和农村——战后日本农业的发展与问题.上海财经大学出版社，1997.

[37] 七户长生.日本农业的经营问题——现状与发展逻辑.中国农业出版社，1994.

[38] 王欲鸣."一村一品"：日本农业产业化的成功模式.农民日报，2006-01-04.

[39] 刘坚.面向21世纪的日本农业.气象出版社，2001.

[40] 李水山.日本农业发展面面观.中国农业出版社，1998.

[41] 曾尊固，陆诚，庄仁兴.英国农业地理.商务印书馆，1990.

[42] 司马军，周圣葵，焦福军.印度农业.农业出版社出版，1986.

[43] 向元钧.印度农业应对WTO的对策.当代亚太,2003(2).

[44] 中国农业科学院.当代世界农业.四川科学技术出版社，1997.

[45] 王文靖.世界各国农业经济概论.农业出版社，1991.

[46] 刘思华. 世界农业改革与发展比较研究.湖北人民出版社，1999.